Recueil

Des Pièces de Théâtre

Mélanges Nro. 6.

Contenant des Pièces Non Représentées
ru jouées en Société ou sur Différens
Théatres de Province

C

Tom

Pieces contenues dans ce Volume

Bajazet cinquième Empereur des Tur
tragédie en 5 Actes, en Vers, par Mr. le
Comte de S.... 1741.

Bajazet I. Tragédie en 5 Actes, en
vers.

Valdemar, tragédie en 5 Actes, en Vers,
par Mr Soubry, 1768.

Clitemnestre, Tragédie en 5 Actes, e
vers. 1761.

Belisaire, Drame en 5 Actes, en
Vers, 1769.

Agon, Tragédie en 5 actes, en vers, tra-
duite de l'hollandois de Mr. O. Z.
Van Haren noble frison. 1770.

BAJAZET I.er

CINQUIE'ME
EMPEREUR DES TURCS,
TRAGEDIE NOUVELLE.

DE'DIE'E A SON ALTESSE SERENISSIME

MONSEIGNEUR

LE PRINCE DE CONTI.

Par Monsieur le Comte de S....

A PARIS,

Chez PRAULT pere, Quay de Gêvres,
au Paradis.

M DCC XLI.
Avec Approbation & Privilege du Roi.

A

SON ALTESSE SERENISSIME

MONSEIGNEUR

LE PRINCE DE CONTI.

MONSEIGNEUR,

Quelle gloire pour l'illustre sang dont sort VOTRE ALTESSE SERENISSIME, d'avoir peuplé l'Europe de héros ? Quand toute l'Asie, depuis Alexandre, en a produit peu d'autres, dignes de lui être présentés que Tamerlan & Bajazet. Heureux, si éclairés par les lumieres de la vraye religion, ces monarques aussi célébres, que fameux conquérans, en eussent fait la base de leur héroïsme. Leur grandeur auroit été plus

a ij

solide ; & leur gloire digne de l'immortalité, s'ils avoient pû connoître ces vertus épurées qui ne tirent leur véritable source que du christianisme, & se modéler sur ces sentimens vraiment magnanimes, sur ces qualités plus qu'humaines qui ont toujours été & sont encore l'apanage des Bourbons, & que l'on voit, MONSEIGNEUR, *se réunir dans* VOTRE ALTESSE SERENISSIME. *Ces vertus essentielles & seules dignes de nos hommages, étant par leur principe & par leurs effets, d'un bien autre prix que celles qui ont attiré tant d'admiration à ces princes infidèles, eux-mêmes, s'ils vivoient aujourd'hui, en seroient les admirateurs ; & dans le desir qu'ils avoient d'éterniser leur mémoire, ils auroient ambitionné un suffrage aussi glorieux que celui de* VOTRE ALTESSE SERENISSIME. *Je n'ose,* MONSEIGNEUR, *vous le demander pour eux; mais du moins sous les auspices de ces deux héros, agréez le respect profond avec lequel je suis,*

MONSEIGNEUR,

DE VOTRE ALTESSE SERENISSIME,

Le très-humble & très-obéissant Serviteur
LE COMTE DE SOMMERIVE,
Commandeur de l'Ordre de S. Lazare.

PREFACE.

LES Hiftoriens qui ont écrit de Tamerlan, con-
viennent tous qu'il fut un des plus illuftres con-
conquérans de l'Afie ; mais on ne peut rien de plus op-
pofé que les idées qu'ils en donnent d'ailleurs.

Dans les uns, il eft peint comme un héros fi accom-
pli, que par le paralléle qu'ils en font avec Alexandre,
ils le croyent au-deffus de lui. Les autres en ont fait un
brigand & un fcélérat heureux.

Ces Hiftoriens ne font pas plus d'accord fur fa naiffance
& fur fa véritable origine. Quelques-uns l'ont fait
defcendre du fang royal; d'autres ne lui ont donné pour
titre que celui de paftre.

Les Poëtes dragmatiques qu ont travaillé ce fujet,
femblent avoir adopté ce dernier fentiment, quoique
d'ailleurs ils lui prodiguent l'héroïfme. A l'égard de
fes paffions particulieres, ils l'ont fait tel qu'il leur con-
venoit qu'il fût, jufqu'à le rendre paffionnément amoureux de la fille de fon ennemi & de fon captif; & en
cela ils fe font vifiblement écartés de la verité, & même de la vraifemblance. Tamerlan âgé de 78 ans, lorfqu'il vainquit Bajazet, étoit, & au de-là, dans cet âge
où l'amour, quelque puiffant qu'il foit, n'eft plus maître
de nous enflammer. D'ailleurs cet empereur ufé par les
fatigues de guerres continuelles, étoit boiteux &
manchot. Des défauts fi vifibles & fi rebutans lui per-
mettoient-ils feulement l'efpoir d'être écouté d'une
jeune & belle princeffe ? Cependant felon nos auteurs
tragiques, il ne prétendoit pas moins que de s'en faire
promptement aimer ; mais cet altier & farouche con-

PREFACE.

quérant méprisoit trop un ennemi qu'il tenoit dans les fers, pour s'abaisser à contracter une alliance sérieuse avec sa fille.

Il y a plus : Tamerlan, indépendamment d'une multitude de concubines, avoit réellement deux femmes, toutes deux descendues des princes Chétéens. L'une nommée *Tomane* étoit la grande reine, comme la plus considérable & la plus accomplie, & qui lui survécut. L'autre, qui s'appelloit *Gelbane*, n'étoit que la seconde reine, quoique plus belle & plus agréable.

Dans cette circonstance, s'il avoit été possible que Tamerlan eût eu quelque penchant pour Astérie, il y auroit tout lieu de présumer que cela n'auroit pû être que dans la vûe d'augmenter le nombre de ses concubines ; mais nulle apparence qu'il ait eu cette foiblesse pour la fille de Bajazet, & encore moins le dessein de l'épouser ; c'est ce qui m'a fait croire, après plusieurs personnes éclairées, que l'amour passionné que *Pradon* avoit donné à ce guerrier estropié & décrépit dans la tragédie qu'il en a faite, en avoit été la pierre d'achopement, indépendamment de la catastrophe qui pêche contre le sentiment que j'établis à la fin de cette préface.

Je ne songeois point à traiter ce sujet, lorsque j'y fus excité par la découverte que je fis de l'histoire des quarante-neuf Califs, à la suite de laquelle se trouve celle de Tamerlan intitulée : *Mémorial des merveilles dans la vie & les actions du grand Tamerlan*, divisée en sept livres, contenant l'origine, la vie & la mort de ce fameux conquérant, composé par *Achamed Arabe fils de Géraspe*. Cette seconde histoire est suivie d'un livre entier qui a pour titre : *Portrait du grand Tamer-*

PREFACE.

lan par le même auteur, lequel après un récit fort éten-
du de ses vertus & de ses vices, peint son véritable ca-
ractere, les qualités de son esprit, son naturel en général & ses inclinations particulieres.

Dans son mémorial, *le fils de Géraspe* expose les
divers discours qui se répandirent quelques années
après la mort de Tamerlan sur la bassesse de son origine ; mais il les rejette tous comme n'étant appuyés d'aucune vraisemblance, & soutient que le plus vrai-sem-
blable étoit, que son pere *Targaï* avoit été un des plus
grands de la cour du sultan, sur quoi Achamed poursuit en ces termes : *J'ai vû à la fin d'une chronique*
Persane nommée la choisie, qui tient depuis le commen-
cement du monde jusqu'à Tamerlan, c'est un fort bel
ouvrage, j'ai vû, dis-je, à la fin de cette chronique une
généalogie qui fait venir Tamerlan de Genghise-chan par
les femmes, quant à l'extraction. En effet, après qu'il
se fut rendu maître des pays de de-là la riviere & fait
grand seigneur, il épousa les filles des princes, ce qui
fit ajouter à ses qualités celle de Couracan, c'est-à-dire,
en Mogol le gendre, parce qu'il étoit gendre des princes
& perpetuellement dans leurs maisons. Chézine alors
sultan avoit quatre visirs qui tous avoient des tribus,
& c'est de Berlase l'un d'eux, dont sortit Tamerlan.
Pour sa personne, il devint jeune homme d'esprit & de
courage, généreux, prudent, actif, civil, qui sut gagner
l'affection de ses pareils enfans des visirs, & fit une
ligue composée des principaux de la jeunesse ; & un jour
qu'ils s'étoient assemblés, il leur dit : Une certaine femme
du nombre de celles qui ont le don de deviner & pro-
phétiser, a vû un certain songe qu'elle a examiné selon
les regles de l'onirocritique, & trouvé par-là qu'elle
verroit dans peu un enfant de la ligue dompter les na-

PREFACE.

tions & subjuguer les peuples, se rendant puissant sei-
gneur, & réduisdnt sous son obéissance les rois du siécle.
C'est moi qu'elle entend, poursuivit-il ; & c'est bien tôt
que ceci doit arriver. Promettez-moi donc fidélité, &
m'assurez de m'accompagner, & de m'aider en mon en-
treprise constamment & vaillamment, sans m'aban-
donner jamais, & ils lui accorderent tout ce qu'il de-
mandoit, &c.

En effet, ses premiers exploits furent une espece de
brigandage, ce qui aura sans doute donné lieu aux reproches méprisans que Bajazet lui en fit ; & c'est sur
ces reproches que les Historiens se font persuadés que
Tamerlan n'avoit été originairement qu'un vil pastre,
& par la suite un brigand révolté, ce qu'il ne fut jamais selon notre auteur Arabe, d'autant plus croyable
qu'il étoit chrétien Jacobite, fort consideré pour sa
doctrine, ennemi & contemporain de Tamerlan, qu'il
avoit si particulierement connu qu'il en dépeint jusqu'à la taille & la mine. Depuis sa mort *Achamed*
avoit conversé avec quantité d'honnêtes gens qui
avoient passé la plus grande partie de leur vie au service de cet empereur, il en devoit parler avec con-
noissance ; & l'histoire qu'il en a faite, n'ayant été pu-
bliée que trente-cinq ans après sa mort, il en pouvoit
parler librement, temps auquel, ainsi qu'il l'assure, les
choses avoient bien changé de face.

J'ai donc été autorisé à adopter cet auteur préféra-
blement à tous autres comme le mieux instruit, & c'est
lui qui apprend que Tamerlan à l'âge de quatre-vingt-
quatre ans, avoit encore le jugement sain & entier,
l'esprit si ferme & si égal, que les bons & les mauvais
succès ne faisoient sur lui aucune impression différente.
Entreprenant & hardi, il n'étoit pas moins tranquille
& prudent.

PREFACE.

'Auſſi fin politique qu'intrépide guerrier, il ne laiſſoit rien tranſpirer de ſes deſſeins. Il n'aimoit que les gens de cœur ; il vouloit qu'ils lui parlaſſent avec franchiſe, & ſouffroit qu'on lui dît la vérité, mais rarement dans la vûe d'en faire uſage. Son ſentiment régloit ſeul ſes deſſeins & ſes réſolutions. Subtil & intelligent dans ſes réflexions, il étoit toujours ſûr dans ſes conjectures. C'étoit un eſprit délié, adroit, qui ſavoit le langage des yeux & des paupieres. Une expérience infinie dans les entrepriſes, lui faiſoit connoître quelle en ſeroit l'iſſue. Habile à pénétrer les intrigues les plus cachées, il en perçoit les ruſes les plus fines, & on ne pouvoit pénétrer dans les ſiennes ; il avoit de faux mouvemens par leſquels il trompoit les plus clairvoyans. Dans les choſes qu'il avoit à contrecœur, il paroiſſoit ne demander pas mieux, & feignoit de n'en vouloir pas d'autres qu'il deſiroit ardemment. Quoique dévoré d'ambition, il affectoit des ſentimens de magnanimité que ſon cœur & les événemens démentoient ; & plus inſatiable encore de conquêtes que de gloire, ſous des motifs qu'il avoit l'art de rendre les plus ſpécieux, il y ſacrifioit tout. Auſſi ſa clémence n'étoit-elle dûe qu'à ſa politique. Sa juſtice découvroit ſon penchant pour la ſévérité ; & pardonnant rarement, il la portoit preſque toûjours juſqu'à la cruauté. Le même hiſtorien Arabe parle fort ſuccinctement de Bajazet. Il dit *que Tamerlan avoit réſolu de l'enfermer dans une cage de fer, & de le traîner à ſa ſuite dans le voyage qu'il fit à Azare où il mourut; mais que le malheureux Ottoman s'empoiſonna.* Peut-être la réſolution de Tamerlan avoit-elle tranſpiré juſqu'à ſa priſon ; mais Achamed n'inſtruit point de quelle maniere le poiſon étoit parvenu juſqu'à ce prince qui fut toujours très-étroitement renfermé. Il eſt probable que

PREFACE.

quelques-uns des fiens trouverent moyen de lui en faire donner pour épargner à Bajazet un traitement aussi humiliant que celui dont il étoit menacé, & dont l'affront auroit rejailli sur tout l'empire Ottoman. Cette conjecture est d'autant plus vraisemblable, que *Michel Baudier* dans son inventaire de l'histoire générale des Turcs, dit, *que ceux qui étoient à la suite de Bajazet & parmi l'armée de Tamerlan, firent bien tout ce qu'ils purent pour mettre leur prince en liberté; mais qu'ils ne furent pas moins malheureux en leurs desseins, qu'ils l'avoient été dans la guerre; car ayant fait une mine pour aller au dessous de sa prison, ils sortirent trop tôt, & percerent droit au lieu où étoient les gardes, ce qui fut cause qu'il fut plus sûrement renfermé, & ajoute que selon quelques-uns, ce fut dans une cage de fer.* En rapprochant ce récit de celui d'Achamed, on ne peut douter que ce fut cette tentative qui avoit déterminé Tamerlan à traîner son captif avec lui d'une maniere si barbare & si honteuse. Le même Baudier fait une histoire si détaillée de Bajazet, qu'en rassemblant ce qu'en rapporte cet auteur François avec ce que l'auteur Arabe récite de Tamerlan, il est facile de connoître que l'un & l'autre, animés de la plus violente ambition, étoient également avides de gloire; mais qu'ils y tendoient par des motifs qui n'étoient pas également purs. Bajazet l'aimoit noblement, & n'employoit pour l'acquerir que les voyes que lui inspiroit une valeur intrépide; il ne consultoit qu'elle dans ses entreprises; & ne prenant d'autres mesures que celles que lui dictoient l'espoir & l'honneur de vaincre, il n'en attendoit le succès que d'un courage si fougueux, qu'il le fit surnommer *foudre de guerre.* Tamerlan au contraire marquoit beaucoup plus d'ardeur à conqué-

PREFACE.

sir, qu'à mériter la gloire d'avoir conquis, qu'il faisoit
plus consister dans l'étendue & dans la difficulté des
conquêtes, que dans l'honneur du triomphe. L'un con-
cevoit des projets plus nobles, l'autre en formoit de
plus vastes. Le Tartare assuroit ses entreprises par de
profondes & d'utiles réflexions, & l'Ottoman les man-
quoit faute de réfléchir, ce qui causa sa perte. Celui-là
fit des conquêtes plus étendues : celui-ci en fit de plus
rapides. Le premier obtint plus de victoires : l'autre,
avant sa défaite, en avoit obtenu de plus éclatantes. Si
Tamerlan eut le bonheur de subjuguer quantité de na-
tions, elles étoient presque toutes barbares, & ce fut
pas ses Généraux ; & Bajazet eut l'honneur de vaincre
en personne les Européens. Enfin, il ne lui étoit pas
inférieur en valeur, & il lui fut tout au moins égal en
gloire ; & s'il n'eût été vaincu par la trahison des Tartares, il auroit en tout surpassé son vainqueur, si l'on
en juge par cette fermeté infléxible, & le courage iné-
branlable, avec lesquels il soutint également le malheur de sa défaite & les horreurs de sa captivité, &
qui lui ont dû faire regagner toute la gloire que sa défaite lui avoit enlevée.

C'est ici le lieu de répondre à quelques personnes
qui ont crû que Bajazet auroit dû se tuer ou s'empoi-
sonner dès l'instant qu'il en a eu les moyens. Mais
l'héroïsme consiste-t-il à se donner la mort aussi-tôt que
l'on est malheureux?

L'effet propre d'une vertu mâle ne consiste-t-il pas
au contraire à lutter & à se roidir contre les plus gran-
des infortunes & les disgraces les plus horribles ; & si
c'est, comme on n'en peut douter, cette fermeté iné-
branlable, & le courage infléxible avec lesquels on
supporte les revers les plus accablans, qui constitue le

PREFACE.

véritable héroïsme, c'est donc une foiblesse de s'en laisser abattre, & une lâcheté d'y succomber, sur-tout au point de ne pouvoir y survivre.

Indépendamment de ces motifs de gloire, Bajazet en avoit encore d'autres bien naturels pour ne pas se donner la mort dès qu'il en a été le maître. En le faisant, il laissoit l'honneur, & peut-être la vie d'Astérie à la merci de deux ennemis également dangereux, l'un par sa haine, & l'autre par un amour aussi entreprenant qu'emporté, & que Bajazet du moins contenoit par sa présence ; mais Bajazet mort, nul doute que Thémir aussi passionné, & aussi violent qu'il est dépeint, ne se fût livré aux derniers excès pour satisfaire une passion d'autant plus à craindre, qu'elle étoit irritée par les mépris d'Astérie & par l'opposition déclarée de Tamerlan ; de sorte que si Bajazet se fût tué ou empoisonné dès l'instant qu'il en a eu les moyens, il auroit agi en homme désespéré ce qui est bien éloigné de l'héroïsme ; il auroit même agi contre le sentiment naturel, & c'eût été précisément une action si déplacée, qu'elle auroit mérité une critique à laquelle il n'auroit pas été possible de répondre. Mais, dira-t-on, Bajazet ne s'empoisonne-t-il pas ? J'en conviens ; mais dans quel temps & dans quelles circonstances le fait-il ? Dans celles, où chez les Orientaux, ainsi que parmi les Romains, il étoit non-seulement en usage, mais même glorieux de se tuer, non pour se délivrer de ses malheurs, ce qui eût été un lâche désespoir ; mais pour s'arracher à l'infamie lorsqu'elle y étoit attachée, ou pour se dérober à une mort infâme. Or tant que Bajazet ne se trouve point dans l'un ou l'autre de ces cas, quelque affreuse, à tous égards, que soit sa situation, il ne doit point se donner la mort, puifqu'au contraire fa vie toute infortunée qu'elle étoit, fervoit à la confervation de l'honneur de fa fille ; mais dès que Bajazet, en refufant, avec dédain le tribut onéreux & humiliant que Tamerlan exige de lui, fe voit menacé d'une mort prochaine, il s'empoifonne, parce qu'alors la mort qu'il fe donne de fa propre main lui eft auffi glorieufe qu'elle lui auroit été honteufe de la main de fon vainqueur ; & ce n'eft- même qu'après avoir pourvû à la fûreté de la vie & de l'honneur d'Aftérie par le poignard qu'il lui donne, & par l'ufage qu'il lui intime d'en faire, indépendamment des fecours & de la défenfe qu'elle avoit tout lieu d'attendre de l'amour d'Adanaxe pour elle, & qui étoit autorifé par Tamerlan. Sans ces motifs également fondés & preffans, & felon les notions non d'un héroïfme arbitraire, mais du vrai Bajazet, n'auroit pas dû fe donner la mort ; & s'il l'eût fait, il n'auroit pas laiffé douter que le défefpoir de fa défaite joint aux rigueurs de fa captivité, ne lui euffent aliéné l'efprit, ainfi que nous en fourniflent affez de triftes exemples ces cœurs lâches, dénués de tous fentimens de vertu; & qui ne pouvant furvivre à leur infortune, courent à la premiere difgrace fe pendre ou fe noyer, mais dont affurément les noms ne font pas infcrits dans le catalogue des héros.

C'en eft affez pour faire fentir le faux du fentiment contraire au mien fur cet endroit, qui jufqu'à-préfent a été le feul attaqué. Je n'en crois pas pour cela cette piece exempte d'autres défauts, loin de les défendre, je fuis très-difpofé à les avouer à ces cenfeurs refpectables par leurs fentimens encore plus que par leurs lumieres, lorfqu'ils me feront l'honneur de me critiquer.

APPROBATION.

J'AI lû par ordre de Monseigneur le Chancelier, *Bajazet premier Tragedie nouvelle par M. le Comte de Sommerive*, & je n'ai rien trouvé dans cette Piece qui doive en empêcher l'impreſſion. A Paris, ce 23 Février 1741. *Signé*, DE MONCRIF.

PRIVILEGE DU ROY.

LOUIS, par par la Grace de Dieu, Roy de France & de Navarre : A nos amés & féaux Conseillers les Gens te-nans nos Cours de Parlement, Maître des Requêtes ordinaires de notre Hôtel, Grand Conseil, Prevôt de Paris, Baillifs, Sé-néchaux, leurs Lieutenans Civils & autres nos Justiciers qu'il appartiendra ; SALUT. Notre bien amé PIERRE PRAULT, Li-braire & Imprimeur de nos Fermes & Droits à Paris, Nous ayant fait remontrer qu'il souhaiteroit faire imprimer ou im-primer & donner au Public *la Bibliotheque de Campagne*, *ou Recueil d'Avantures choisies*, *nouvelles*, *Histoires*, *Contes*, *Bons mots*, *& autres Piéces*, *tant en Prose qu'en Vers*, *pour servir de récréation à l'esprit*, *en six volumes* : *Le Livre des Enfans*, *& le Glaneur François*, s'il nous plaisoit lui accorder nos Lettres de Privileges sur ce nécessaires ; offrant pour cet effet de les fai-re imprimer ou imprimer en bon papier & beaux caracteres, suivant la feuille imprimée & attachée pour modéle sous le contre-scel des Préſentes. A CES CAUSES, voulant traiter fa-vorablement ledit Exposant, Nous lui avons permis & permet-tons par ces Préſentes de faire imprimer ou imprimer lesdits Livres cy-dessus spécifiés en un ou plusieurs volumes, con-jointement ou féparément, & autant de fois que bon lui sem-blera, sur papier & caracteres conformes à ladite feuille im-primée & attachée sous notredit contre-scel ; & de les ven-dre, faire vendre & débiter par tout notre Royaume, pendant le temps de six années consécutives, à compter du jour de la date desdites Présentes. Faisons défenses à toutes personnes de quelque qualité & condition qu'elles soient, d'en introduire d'impression étrangere dans aucun lieu de notre obéissance : comme aussi à tous Libraires, Imprimeurs & autres d'imprimer, faire imprimer, vendre, faire vendre, débiter ni contrefaire lesdits Livres cy-dessus exposés, en tout ni en partie, ni d'en faire aucuns Extraits, sous quelque prétexte que ce soit d'augmentation, changement de titre, même en feuilles séparées, ni d'impression étrangere ou autrement, sans la permission expresse & par écrit dudit Exposant, ou de ceux qui auront droit de lui, à peine de confiscation des Exemplaires contrefaits, de six mille livres d'amende contre chacun des contrevenans, dont un tiers à Nous, un tiers à l'Hôtel-Dieu de Paris, l'autre tiers audit Exposant, & de tous dépens, dommages & interêts. A la charge que ces Présentes seront enregistrées tout au long sur le Registre de la Communauté des Libraires & Imprimeurs de Paris, dans trois mois de la date d'icelles ; que l'impression de ces Livres sera faite dans notre Royaume & non ailleurs, & que l'Impétrant se conformera en tout aux Reglemens de la Librairie, & notamment à celui du 10 Avril 1725. & qu'avant que de les exposer en vente, les Manuscrits ou Imprimés qui auront servi de Copie à l'Impression desdits Livres, seront remis dans le même état où les Approbations y auront été données, ès mains de notre très-cher & féal Chevalier Garde des Sceaux de France, le Sieur Chauvelin, & qu'il en sera ensuite remis deux Exeemplaires dans notre Bibliotheque publique, un dans celle de notre Château du Louvre, & un dans celle de notre très-cher & féal Chevalier, Garde des Sceaux de France, le Sieur Chauvelin ; le tout à peine de nullité des Présentes. Du contenu desquelles vous mandons & enjoignons de faire joüir l'Exposant ou ses ayans cause pleinement & paisiblement, sans souffrir qu'il leur soit fait aucun trouble ou empêchement. Voulons que la Copie desdites Présentes, qui sera imprimée tout au long au commencement ou à la fin desdits Livres, soit tenue pour dûment signifiée, & qu'aux Copies collationnées par l'un de nos amés & féaux Conseillers & Secretaires, foy soit ajoûtée comme à l'Original : Commandons au premier notre Huissier ou Sergent, de faire pour l'exécution d'icelles tous Actes requis &

néceffaires, fans demander autre permiffion, & nonobftant Clameur de Haro Charte Normande & Lettres à ce contraires. CAR tel eft notre plaifir. Donné à Verfailles le feiziéme jour du mois de Mars, l'an de grace mil fept cens trente-fix, & de notre Regne le vingt-uniéme. Par le Roy en fon Confeil. *Signé*, SAINSON.

Regiftré fur le Regiftre IX. de la Chambre Royale des Libraires & Imprimeurs de Paris, N°. 264. Fol. 241. conformément aux anciens Réglemens, confirmés par celui du 28 Fevrier 1723, A Paris, ce 24 Mars 1736. Signé, G. MARTIN, Syndic.

BAJAZET Ier

CINQUIÉME

EMPEREUR DES TURCS,

TRAGEDIE.

ACTEURS.

TAMERLAN, empereur des Tartares.

BAJAZET, empereur des Turcs.

THEMIR, fils de Tamerlan

ASTERIE, fille de Bajazet.

ADANAXE, prince du sang de Tamerlan.

AXALLA, ministre & général des Tartares.

ODMAR, ministre & général des Parthes.

ZAIRE confidente d'Astérie.

USBEK,
MIRSAS, } officiers des gardes de Tamerlan.
CIARCAN,

GARDES de Tamerlan & de Bajazet.

La scene est à Samarcande, dans un vestibule entre le palais de Tamerlan, & la prison de Bajazet.

BAJAZET Ier.

CINQUIEME

EMPEREUR DES TURCS,

TRAGEDIE.

ACTE PREMIER.

SCENE PREMIERE.

ASTERIE, ZAIRE.

ZAIRE.

C ESSEZ de déplorer le pouvoir de vos charmes,
Quand ils peuvent tarir la source de vos larmes ;
Le fils de Tamerlan, esclave de vos yeux,
Vous offre, avec sa main, un sceptre glorieux ;
Madame, se peut-il, que cruelle à vous-même,
Vous dédaigniez toujours l'éclat du diadême ?

ASTERIE.

Jonçois, par mes dédains, l'excès de mon malheur,
Puisqu'à mes yeux ce trône est un objet d'horreur.

Zaire, ignore-tu combien mon cœur abhorre,
Et l'hommage, & la main du prince qui m'adore?
O ciel! N'ajoûte rien au fort qui me pourſuit,
L'illuſtre Bajazet dans les fers eſt réduit!
Ce héros malheureux, cet infortuné pere,
Ne peut-il par ſes maux appaiſer ta colere?
Hélas!

Z A I R E.

N'accuſez point le ciel d'être en courroux,
Quand dans Themir, madame, il vous offre un époux?
Surmontant votre haine, un ſi grand hyménée
Changeroit de vos jours l'affreuſe deſtinée;
De la honte des fers, du comble des malheurs,
Vous paſſeriez bien-tôt au faîte des grandeurs.

A S T E R I E.

Du cruel Tamerlan que veux-tu que j'eſpere?
Que peut l'amour du fils ſur la haine du pere?
Ma liberté dépend d'un vainqueur inhumain,
Eh, l'obtiendrois-je même aux dépens de ma main?
Tout triomphant qu'il eſt, ce vainqueur plein d'audace;
Bajazet enchaîné l'épouvante & le glace;
Le lâche en craint toûjours le courage indompté :
Heureuſe, ſi nos fers bornent ſa lâcheté.
Eh, qui peut m'arracher à mon fort déplorable?
A mes larmes, Thémir amant inéxorable,
Loin de fléchir pour nous un barbare vainqueur,
Oſe en juſtifier la conſtante rigueur:
Que dis-je? Hélas! Envain à ſa flamme odieuſe,
Je verrois ſucceder une ardeur généreuſe;
Quand même cette ardeur en magnanimité,
Pourroit d'un fier tyran changer la cruauté,

TRAGEDIE.

A sa gloire, à son nom Bajazet trop sensible
Pour cet hymen honteux deviendroit infléxible;
Et, de sa liberté dédaignant le bonheur,
Il ne la voudroit pas aux dépens de l'honneur:
Et toi, tu me verrois, à sa gloire fidéle,
Mourir, loin de former des nœuds indignes d'elle.

ZAIRE.

Je vous plains; mais hélas! Un cœur si généreux
Avec moins de vertu seroit moins malheureux.
La gloire par le sort ne peut être altérée;
Celle de Bajazet, à jamais consacrée,
Lui permet de céder aux destins envieux;
Il vous verroit un jour commander en ces lieux.
Ce trône effaceroit la honte de sa chaîne ...

ASTERIE.

Mais pourroit-il jamais étouffer notre haine?
Non; & pour Astérie il sera sans appas,
Quand la gloire & le cœur ne l'y conduiront pas.

ZAIRE.

Que l'amour de Thémir doit allarmer votre ame!
Le refus de sa foi, le mépris de sa flamme,
Son barbare dépit, vos généreux dédains,
De la haine & du sang les droits trop inhumains,
Tamerlan irrité, Bajazet infléxible,
Tout, jusqu'à vos vertus rend votre sort horrible;
Il faut, madame, il faut en détourner les coups,
Et finir vos malheurs.

ASTERIE.

Tu ne les sais pas tous.

A iij

ZAIRE.

Je vois couler vos pleurs! Que ne dois-je pas craindre?
Plus long-temps avec moi cessez de vous contraindre.

ASTERIE.

Ah! Zaire!

ZAIRE.

Princesse, à ma tendre amitié
Confiez vos douleurs par grace, ou par pitié;
Votre état malheureux, celui de votre pere,
N'ont-ils pû des destins assouvir la colere?

ASTERIE.

Lorsqu'ils veulent sur nous exercer leurs rigueurs,
Ils commencent toujours par attaquer nos cœurs.
Succombant aujourd'hui sous ma douleur mortelle,
Je ne puis la céler à ton ame fidéle.
Ce cœur, par ses ennuis sans cesse dévoré,
Zaire, par l'amour est encor déchiré.

ZAIRE.

Vous aimez! Mais, madame, à l'aspect de vos charmes,
L'amour a-t-il osé vous coûter quelques larmes?
Quels moyens a-t-il pris? Captive dans ces lieux,
Vous n'avez pû charmer qu'un amant odieux.
Quel plus heureux mortel, princesse, a pû vous plaire?

ASTERIE.

Ma honte & ma vertu t'en ont fait un mystere;
Mais un cœur tendre en vain céle ses sentimens,
Il ne peut pas toujours renfermer ses tourmens;
Il faut que tôt ou tard sa douleur se soulage.
De mes malheurs secrets voici la triste image.
Mon pere, du Bulgare à peine étoit vainqueur,
Qu'aussi-tôt dans l'Asie il porta la terreur

Ce prince, dès long-temps maîtrisant la victoire,
Confentit que je fuffe un témoin de fa gloire.
Il prend Burfe, & de-là, des triomphes nouveaux
Jufques dans l'Arménie entraînent ce héros :
Pour n'y point hazarder mon fexe & ma jeuneffe,
Il m'ordonne, à regret, de retourner en Grece.
Mais, connoiffant les Grecs jaloux de fa grandeur,
Il voulut de mon rang leur cacher la fplendeur ;
Et, déguifant part-tout mon nom & ma naiffance,
Sous le nom de Néphis j'arrivai dans Byzance.
D'Arfane chez les Grecs on vantoit la valeur ;
Quoiqu'étranger, ce prince étoit leur défenfeur.
Les graces, les vertus peintes fur fon vifage
Fixoient de tous les cœurs & l'amour & l'hommage.
Dans ce jeune héros, une douce fierté
Mêloit la modeftie avec la majefté.
Par fes foins généreux, par fa magnificence,
Il avoit ramené les plaifirs dans Byzance ;
Là, dans un doux repos mon cœur fe complaifoit
A voir l'empire Grec foumis à Bajazet :
Mais bien-tôt j'effuyai les plus vives allarmes ;
Dans le fein de la paix je vois Byzance en armes,
J'entens de toutes parts ces horribles clameurs . . . .
Vengeons-nous, vengeons-nous de nos ufurpateurs ;
Bravons des Ottomans la fureur vengereffe,
Et lavons dans leur fang la honte de la Grece.
Juge, juge à ces cris, ce que fouffrit Nephis ?
Expofée aux fureurs de cruels ennemis,
J'allois en être efclave, & peut-être victime,
Quand Arfane foudain, ce prince magnanime

Parût. Ah, me dit-il, fuyez loin de ces lieux
Que la haine des Grecs vous rend si périlleux.
Dans de plus doux climats allez vivre tranquile ;
Un vaisseau vous attend, choisissez un azyle.
Pleine de joye alors, je voulois l'exhaler ;
Mais cent fois je soupire, & je ne puis parler.
D'un trait si généreux je sens mon ame émûe ;
Tant de vertu m'inspire une ardeur inconnue.
Arsane, en ce moment, ce cher libérateur,
Me fait voir tout l'amour que peut sentir un cœur ;
Et le mien, entraîné par la reconnoissance,
Lui laisse voir celui dont je sens la puissance.
En vain je rappellai mon foible cœur à soi,
Lui-même, hélas ! m'apprit qu'il n'étoit plus à moi.
A l'aspect du vaisseau préparé pour ma fuite,
Arsane, m'écriai-je, il faut que je vous quitte . . .
De mutuels soupirs finissent nos adieux,
Notre vaisseau fend l'onde & m'enleve à ses yeux.
Inconnue, en secret j'aborde chez mon pere ;
Mais à peine y goûtois-je une douceur si chere,
Que, malgré sa valeur, le plus grand des revers
Nous a précipités dans de rigoureux fers ;
Sans espoir d'en sortir je m'y vois condamnée.

Z A I R E.

Hélas ! Fut-il jamais plus triste destinée !
L'amour, qui pouvoit seul adoucir vos douleurs,
Par différens effets redouble vos malheurs.
Puisse du juste ciel la puissance équitable,
Bien-tôt vous affranchir d'un sort si déplorable !

ASTERIE.

J'éprouve trop de maux pour ofer l'efpérer.
Mon pere eft dans les fers, qui peut le délivrer ?
Qui pourroit attendrir un vainqueur fanguinaire ?
Aux fureurs de Thémir qui pourra me fouftraire ?
Mes regrets pour Arfane enfin font fuperflus ;
En vain je l'aime ; hélas ! Je ne le verrai plus.

ZAIRE.

On ouvre. C'eft Thémir.

ASTERIE.

C'eft l'objet de ma haine.

SCENE II.

ASTERIE, THEMIR, ZAIRE.

THEMIR.

UN malheureux amour vers vous toujours m'entraîne.
En vain de vos mépris vous accablez mon cœur,
Il ne brûle pas moins de revoir fon vainqueur.
De cet ardent amour, hélas ! Pourquoi vous plaindre ?
Ah ! Suis-je criminel de ne pouvoir l'éteindre ?
Et dans Thémir enfin pouvez-vous condamner
Le defir de vous plaire, & de vous couronner ?
Pardonnez à mes feux leur tendre violence ;
Permettez à l'hymen d'en effacer l'offenfe ;
Oubliez la, madame, & daignez accepter
Un trône, où mon amour vous invite à monter.

Vivrois-je fans l'efpoir de vous voir attendrie ?

A S T E R I E.

Ofe-tu te flatter de fléchir Aftérie ?
Quoi ! Tamerlan , ton fils deviendroit mon époux ?
Ah ! Mes malheurs ont mis trop de haine entre nous.
Connois en moi , connois une illuftre ennemie ,
Qui de ta main croiroit le trône une infamie.
Va , ce cœur n'eft pas fait pour l'ambitionner,
Quand le fang dont je fors eft fait pour le donner.
Ceffe donc d'abufer de mon trifte efclavage ,
Epargne à ma douleur un amour qui m'outrage.
Rens Tamerlan fenfible à nos malheurs affreux,
Ou ma mort eft le prix que je garde à tes feux.

T H E M I R.

Ah ! Je vais tout tenter ... Mais que pourrois-je faire ?
Objet de vos mépris , qu'efpérer de mon pere ?
Inftruit de vos rigueurs & de votre courroux,
Pourroit-il fe réfoudre à s'adoucir pour vous ?
S'il vous trouvoit fenfible à ma conftante flamme,
Sans doute il rempliroit les defirs de votre ame.
Thémir, haï de vous, ne peut que l'irriter ;
Mais Thémir, plus heureux, en peut tout mériter.
Pour fervir votre efpoir , permettez que j'efpere.
Oui , fi je vous fléchis, j'obtiens tout de mon pere.

A S T E R I E.

Cruel, pour m'obtenir, fléchirois-tu le mien ?
Ah ! Bien loin d'étouffer fa haine pour le tien,
Tu verras ce héros préférer l'efclavage
A ce fceptre pompeux dont tu me fais hommage.
Ne crois pas l'ébranler. Tranquile fur fon fort,
D'un même œil il regarde & la vie & la mort.

Tu le verras toujours, de foibleſſe incapable ,
Affronter d'un tyran la vengeance implacable ;
Et de ſes coups enfin , s'il ne peut ſe ſauver ,
Dans les bras de la mort il ſaura les braver,
Tu connoîtras alors que ce cœur magnanime
Eſt du courroux du ciel la plus noble victime ;
Et que vaincu , captif, dans l'outrage , enchaîné ,
Bajazet eſt encor plus grand qu'infortuné.

THEMIR.

C'en eſt donc fait , madame. A ce courroux terrible
Je reconnois en vous une haîne infléxible :
Mais ſi de mon amour vous bravez le pouvoir ,
Cruelle , ménagez du moins ſon déſeſpoir ,
Et craignez . . .

ASTERIE.

J'attens tout de l'ame d'un Tartare.
Joins à ce nom affreux la fureur d'un barbare ;
Mais ſouviens-toi , cruel , en oſant m'outrager,
Qu'il eſt peut-être encor un bras pour me venger.

SCENE III.

THEMIR ſeul.

UN bras pour la venger ! Quelle eſt donc cette audace ?
Quoi ! Captive, au mépris elle joint la menace !
De l'attendrir, mon cœur en vain s'étoit flatté ,
Plus j'ai d'amour, & plus elle a de cruauté.
Que peut-elle ajoûter à mon deſtin funeſte ?
La cruelle , à mes yeux me brave, me déteſte,

Mon malheur, par fa bouche, enfin m'eft confirmé;
Je perds jufqu'à l'efpoir d'être jamais aimé.
Ah! C'eft toi, Bajazet, dont l'implacable haine
Pour moi rend Aftérie encor plus inhumaine,
C'eft toi, dont la fureur l'anime à m'outrager;
Mais il me refte au moins l'efpoir de me venger.
Tu mourras... Ah! Thémir, à ta barbare envie,
Vois, vois déjà frémir l'adorable Aftérie!
Ciel! Au feul fouvenir de fes attraits vainqueurs,
Je fens croître mes feux & mourir mes fureurs.
Non, plus cet amour croît, & plus il les anime;
A tant d'amour bravé je dois une victime.
Vains projets! Lâche amant, peux-tu ce que tu dois?

S C E N E I V.

T H E M I R, M I R S A S.

M I R S A S.

QUI peut caufer, Seigneur, le trouble où je vous vois?
Une ingrate princeffe auroit-elle....

T H E M I R.

A ma rage,
A mes fureurs, Mirfas, reconnois fon ouvrage.

M I R S A S.

Je viens vous préparer à de nouveaux regrets;
Tamerlan de ces lieux l'éloigne pour jamais.

T H E M I R.

Ciel! A cette rigueur qui peut forcer mon pere?

M I R S A S

Sa politique encor nous en fait un myftere;

En vain dans ſes deſſeins on voudroit pénétrer,
Son cœur eſt un abyſme où l'on ne peut entrer.

THEMIR.

Je perdrois Aſtérie ? O rigoureuſe abſence!
Tout haï que je ſuis, je chéris ſa préſence.
Oui, malgré ſon dépit, malgré ſa cruauté,
Je dois fléchir pour elle un vainqueur irrité.
Allons. De mon amour cette preuve éclatante,
Peut-être à me haïr la rendra moins conſtante.

MIRSAS.

Mais, ſeigneur, pourrez-vous, parlant en ſa faveur,
Cacher à Tamerlan l'état de votre cœur ?
Si ce cœur vous trahit, ſi le ſien vous ſoupçonne,
Vous vous perdez!

THEMIR.

Mirſas, j'aime, & rien ne m'étonne.
Hâtons-nous; quelque prix qu'il m'en coûte aujourd'hui,
Obtenons ce que j'aime, ou périſſons pour lui.

Fin du premier acte.

ACTE II.

SCENE PREMIERE.

TAMERLAN, AXALLA, ODMAR,
GARDES.

TAMERLAN.

ADANAXE vainqueur de l'Égypte rebelle,
Ajoûte à cet empire une gloire nouvelle;
Et rien n'arrêtant plus fon bras victorieux,
Ce prince doit se rendre aujourd'hui dans ces lieux.

AXALLA.

Ce triomphe nouveau n'a rien qui nous étonne;
Et la gloire, feigneur, qui toujours vous couronne,
A l'univers en vous fait voir fon conquérant.

TAMERLAN.

Devant moi tout fléchit, à mes loix tout fe rend,
L'Afie eft aujourd'hui fous mon obéiffance.
Le cœur de Bajazet brave feul ma puiffance;
Mais ce cœur indompté me doit être foumis,
C'eft un foin glorieux que le ciel m'a commis.
Je ne puis plus long-temps refufer qu'il périffe;
Et la Grece & l'Afie attendent fon fuplice.

A leurs reſſentimens j'aurois dû l'accorder ;
Mais c'eſt ſur vos conſeils que j'en veux décider . . . .
On vient. C'eſt Aſtérie , il faut encor l'entendre :
D'une lâche pitié ſongeons à nous défendre.

SCENE II.

TAMERLAN, ASTERIE, AXALLA,
ODMAR, GARDES.

ASTERIE.

AU trouble de mon ame , à de trop juſtes pleurs ,
Seigneur , reconnoiſſez mes nouvelles douleurs.
Je ne vous peindrai point ma triſte deſtinée ,
Vous ſavez trop combien je ſuis infortunée.
Mon cœur n'oſe eſpérer , qu'ému par mes ſanglots ,
Vous conſentiez jamais à terminer mes maux.
Ils ſont grands ! Mais helas ! Souffrez que j'en jouiſſe ,
Ne les aigriſſez point par un nouveau ſuplice ;
Et ne me privez pas de l'unique douceur
De gémir près d'un pere , objet de ma douleur.
Du trône je le vois tomber dans l'eſclavage ,
Je partage ſes fers , nous vivons dans l'outrage :
Il ne me reſte plus d'autre eſpoir que la mort ;
Pouvez-vous augmenter la rigueur de mon ſort ?

TAMERLAN.

De vos malheurs , madame, accuſez votre pere.
Tout me force à punir un prince téméraire
Qui, ſur la tyrannie ayant fondé ſes droits ,
N'a que par des fureurs ſignalé ſes exploits.

Qui par le fer, le feu, ravageant les provinces,
Accabloit de tributs, ou détrônoit leurs princes ;
Et qui, trop aveuglé de ses prosperités,
En abusa toujours par mille cruautés.

A S T E R I E.

Non, il n'abusa point des droits de la victoire :
De tels crimes jamais ne ternirent sa gloire.
Le ciel, qui l'a réduit à gémir dans les fers,
Vous réserve peut-être un semblable revers.
Il ne fut point cruel ; son malheur fit son crime :
Permettez qu'à ses yeux seule j'en sois victime.
Que ne punissez-vous ce fléau des tyrans,
En le rendant témoin de mes regards mourans !
Mais si l'humanité pour vous a quelques charmes :
Ah ! Laissez-nous ensemble expirer dans les larmes.

T A M E R L A N.

C'est le fier Bajazet qu'il vous faut accuser
Des pleurs, que son destin vous contraint de verser.
J'offrois à ses malheurs un parti salutaire,
S'il vouloit consentir d'être mon tributaire ;
Faites-l'y donc résoudre ; & pour y parvenir,
Vous pouvez, j'y consens, encor l'entretenir.
Que son amour pour vous le fasse enfin souscrire
Au tribut qu'en vainqueur j'ai droit de lui prescrire.
Obtenez ce qu'éxige un roi victorieux,
Madame, ou dès ce jour faites-lui vos adieux.

A S T E R I E.

Ah ! S'il faut que sa gloire un moment soit flétrie,
Dès à présent, seigneur, disposez d'Astérie.
A ce coup accablant je vais me préparer ;
Heureuse, si la mort pouvoit m'en délivrer !

SCENE

SCENE III.

TAMERLAN, AXALLA, ODMAR, GARDES.

TAMERLAN.

CEt arrêt rigoureux a de quoi vous furprendre :
Apprenez le motif qui me force à le rendre.
On fait avec quel art, fondant les fentimens,
Je pénétre des cœurs les fecrets mouvemens.
Thémir me cache en vain le penchant de fon ame,
J'ai découvert en lui la plus ardente flamme.
Pour Aftérie, en vain affectant des mépris,
Il a crû m'abufer, le lâche en eft épris.
Qu'elle ignore fes feux, ou qu'elle en foit inftruite,
On l'aime ; un tel amour & m'outrage & m'irrite.
J'ai voulu prévenir par fon éloignement
Les funeftes effets de cet engagement.
L'amour, par des refforts qu'ignore la prudence,
A fouvent ébranlé la plus ferme puiffance.
Thémir eft violent, Thémir eft amoureux ;
C'eft Aftérie enfin qui fait naître fes feux,
Fille de Bajazet, que n'en dois-je pas craindre ?
Mais pour m'en affurer avec eux je dois feindre :
Et leur taire l'affront . . . . Themir s'offre à mes yeux !
Pour lui faire avouer un amour odieux,
Diffimulons.

B

SCENE IV.

TAMERLAN , THEMIR , AXALLA ,
ODMAR , GARDES.

THEMIR.

Themir, fenfible à votre gloire,
Vient d'apprendre , feigneur , ce qu'il ne fauroit croire ,
Qu'Aftérie eft livrée au fort le plus cruel ;
Qu'elle n'eft à vos yeux qu'un objet criminel ;
Que par votre ordre enfin on l'arrache à fon pere.

TAMERLAN.

Je fuis jufte à regret lorfque je fuis févere :
Mais le fier Ottoman, à lui-même inhumain
A mes juftes defirs n'offre que le dedain.
Nous voyons fa fureur de plus en plus aigrie ;
Eh, qui peut l'irriter fi ce n'eft Aftérie ?

THEMIR.

Ah , feigneur ! Par l'horreur de la captivité
Bajazet de lui-même eft affez irrité :
Non, que je m'intereffe au coup qui le terraffe ;
Je chéris trop le bras qui punit fon audace :
Mais Aftérie , helas ! Livrée à mille coups ,
Auroit-elle interêt d'aigrir votre courroux ?
Non, n'en accufez point cette trifte princeffe ;
A vous fléchir, feigneur , tout l'engage & la preffe ;
Et vous n'ignorez pas que fes vœux & fes pleurs
Ne tendent qu'à vous voir fenfible à fes malheurs.

Ah! Bien loin de fervir à nourrir fa colere,
Elle combat pour vous dans le cœur de fon pere.

TAMERLAN.

Vous le croyez, mon fils, je penfois autrement :
Mais je veux bien me rendre à votre fentiment.
Pour forcer Bajazet à m'accorder l'hommage
Que j'ai droit d'éxiger, je ferois davantage,
Oui, je confentirois, qu'en formant un lien,
Ce fang que je hais tant, voulût s'unir au mien.

THEMIR.

Que j'aime en vous, feigneur, cet excès de clémence !
Helas! Se pourroit-il, qu'oubliant votre offence,
Vous uniffiez ce fang à celui du vainqueur?

TAMERLAN.

Je n'y vois qu'un obftacle.

THEMIR.

Eh, quel eft-il, feigneur ?

TAMERLAN.

Pourriez-vous confentir d'époufer Aftérie ?
Non : vous haïffez trop cette fiere ennemie.

THEMIR.

La recevant de vous, pourrois-je la haïr ?
Vous me voyez, feigneur, prêt à vous obéir.

TAMERLAN.

Si vous ne l'aimiez pas, vous feriez trop à plaindre ;
Votre pere à ce point ne veut pas vous contraindre.
Je ne pourrois, mon fils, vous voir former des nœuds,
Qui, formés fans l'amour, vous rendroient malheureux.

THEMIR.

Puifqu'au fort de mon cœur votre ame s'intéreffe,
J'ofe donc à mon pere avouer ma tendreffe.

B ij

Il eſt vrai qu'Aſtérie a ſû m'en inſpirer ;
Hélas ! Peut-on la voir , & ne pas l'adorer ?

T A M E R L A N.

Quoi , mon fils , vous l'aimiez , & m'en faiſiez miſtere ?

T H E M I R.

Mon amour mépriſé m'a contraint à me taire.
Malgré toute l'ardeur dont je ſuis enflammé ,
Seigneur , je ſuis haï ſans eſpoir d'être aimé.

T A M E R L A N.

Cette haine me venge , au gré de ma colere ,
De la honte du fils & de l'affront du pere.
Il n'eſt donc que trop vrai , mon fils , mon ſeul apui ,
D'une eſclave ennemie eſt eſclave aujourd'hui ?
Loin qu'un pere t'uniſſe à ce ſang qu'il déteſte ,
Lache ! Loin d'aprouver un penchant ſi funeſte ,
Sur ce ſang odieux , ardent à l'outrager ,
De l'amour qu'il t'inſpire , il ſaura ſe venger.

T H E M I R.

A ces traits menaçans , mon pere , eſt-ce vous-même ?
Dont l'aveu me combloit . . . .

T A M E R L A N.

　　　　　　　De mon courroux extrême
Redoute les tranſports.

T H E M I R à part.

　　　　　　Malheureux ! Qu'ai-je fait ?

(haut.)
En condamnant mes feux , épargnez-en l'objet :
Que ſon rigoureux ſort borne votre colere ;
Seigneur , n'augmentez point le poids de ſa miſere.

TAMERLAN.

Pour elle ne crains rien. Mais., lâche ! Crains pour toi.
Crains le reſſentiment & d'un pere & d'un Roi.
Si tu veux de mon cœur effacer cette injure,
Sans dépit, ſans regret, ſans le moindre murmure,
Tu verras Aſtérie abandonner ces lieux,
Et ſon coupable pere expirer à tes yeux.
En attendant l'effet de ma juſte vengeance,
Thémir, je te défens leur vue & ma préſence.

THEMIR.

J'obéirai, ſeigneur ; mais vous pouvez prévoir
Ce que peut un amour réduit au déſeſpoir.

SCENE V.

TAMERLAN, AXALLA, ODMAR, GARDES.

TAMERLAN.

CE diſcours inſolent me trouble & m'inquiete ;
Il me fait entrevoir quelque trame ſecrette.
De Bajazet toujours je crains quelque attentat :
Ne dois-je pas ſa mort au repos de l'état ?
Vous, qui de mes ſecrets étes dépoſitaires,
Compagnons de ma gloire, à vos avis ſincéres
Du ſort de ce captif je veux me rapporter ;
C'eſt la derniere fois qu'il faut vous écouter.
Pour ma gloire, Axalla, tu dois ne me rien taire ;
J'exige de ton cœur ſa franchiſe ordinaire.

AXALLA.

La gloire, des mortels ne fait que des héros ;
Mais la vertu, seigneur, aux Dieux les rend égaux.
Bajazet est vaincu ; toute l'Asie en armes
Ne doit qu'à votre bras la fin de ses allarmes.
L'Ottoman, accablé par de si rudes coups,
N'a plus pour s'en venger qu'un impuissant courroux.
Son Sultan dans les fers lui ravit l'espérance
De signaler sur nous sa rage & sa vengeance.
Jamais triomphe enfin ne fut plus glorieux ;
Vous étes adoré, quoique victorieux.
Cependant une gloire, effet seul du courage,
Pourra laisser douter qu'elle fût votre ouvrage.
Que d'exploits éclattans par elle executés,
Aux coups de la fortune ont été rapportés !
Mais, seigneur, la clémence est notre ouvrage même ;
Rien ne peut dégrader cette vertu suprême ;
Et le cœur vertueux, pouvant seul la former,
Seul a droit de forcer l'envie à l'estimer.
Laissez à Bajazet une importune vie,
Qui par ses propres maux lui doit être ravie.
Son trépas ne pourroit qu'en diffamer l'auteur ;
Et sa vie au contraire illustrer son vainqueur.
Ce captif, en mourant, vous dérobe une gloire,
Dont ses malheureux jours consacrent la mémoire :
Chaque plainte qu'il forme apprend à l'univers,
Que Tamerlan vainqueur tient Bajazet aux fers.

TAMERLAN.

Axalla, c'est assez. Un conseil salutaire
Dans ta bouche à ton roi n'a jamais pu déplaire.

TRAGEDIE. # TRAGEDIE. 23)

Toi, dont l'ame toujours fut sans déguisement,
Je te l'ordonne, Odmar. Parle, mais librement.

ODMAR.

Votre courage seul a guidé la victoire,
Et votre bras, seigneur, en a toute la gloire.
Par vos exploits fameux on peut compter vos jours.
Tamerlan est vainqueur, le sera-t-il toujours?
La fortune aux héros n'est pas toujours propice;
Bajazet dans les fers prouve assez son caprice :
Et si vous n'immolez un si grand ennemi,
Vous n'en aurez, seigneur, triomphé qu'à demi.
La ruse dans ces lieux, malgré la vigilance,
N'a-t-elle pas déjà tenté sa délivrance?
Tous ces gardes en vain veillent à sa prison,
La force ne peut rien contre la trahison.
Bajazet, sûr des siens, s'attend à voir leur haine,
Laver dans votre sang la honte de sa chaîne,
Et vous verrez s'armer mille ennemis jaloux,
Moins par pitié pour lui, que par haine pour vous.
De vos nouveaux exploits la Syrie en allarmes,
Pour venger l'Ottoman déjà reprend les armes:
Et votre nom par tout porte en vain la terreur :
Bajazet respirant peut trouver un vengeur.
Seigneur, tant qu'il vivra, l'on prendra sa défense;
Bajazet mort peut seul étouffer la vengeance.
Vous saurez par ce coup, nécessaire à l'état,
Désarmer mille bras & vaincre sans combat.
Devez-vous, sans jouir des fruits de la victoire,
A de nouveaux dangers exposer votre gloire?
Que lui sert Bajazet murmurant dans les fers,
S'il n'accorde un tribut que vous doit l'Univers?

B. iiij

De fon cœur inhumain la fiere réfiftance
Doit contraindre le vôtre à bannir la clémence ;
Et de fa cruauté les coupables tranfports
Vous exemptent, feigneur, du moindre des remords.

TAMERLAN.

Amis, je fuis content de votre zéle extrême :
Allez. Laiffez-moi feul.

SCENE VI.

TAMERLAN *feul.*

Qu'une gloire fuprême,
Jufte ciel, après elle entraîne de foucis !
Sur le trône avec nous ils font toujours affis.
Le fang de Bajazet peut feul me fatisfaire.
Tout d'un tel ennemi rend la mort néceffaire.
Je la dois à l'Afie, à ma tranquillité :
Par un trouble fecret pourquoi fuis je arrêté ?
Eh ! C'eft-là votre fort, conquérans formidables !
La gloire aux Immortels vous rend prefque femblables ;
Et, jamais fatisfaits d'un triomphe fi doux,
Vous voyez les vaincus moins à plaindre que vous.
Victorieux, tout manque encore à ma victoire.
Glorieux, je me vois comptable de ma gloire.
Tamerlan n'a rien vû qui fût égal à lui ;
Et du fort d'un captif il dépend aujourd'hui.
Ah ! C'eft trop étre en proye à tant d'incertitude ;
Par fa perte fortons de cette fervitude.

Je me verrai plus craint, si j'en suis moins aimé ;
Ce n'est que des vaincus qu'un vainqueur est blâmé.
On vient. C'est Adanaxe.

SCENE VII.

TAMERLAN, ADANAXE.

TAMERLAN.

A mon impatience,
Prince, depuis long-temps tu devois ta présence.
Je te revois enfin.

ADANAXE.

Mon retour en ces lieux
Confirme à Tamerlan ses succès glorieux.
Et soumise à vos loix, l'Egypte désarmée,
Seigneur, n'a plus besoin ni de moi, ni d'Armée.

TAMERLAN.

Prince, lorsque je dois l'Egypte à ta valeur,
Je ne puis allez tôt en revoir le vainqueur.
Je sai tous les perils que brava ton courage
Pour remporter l'honneur d'un si grand avantage :
Je ne puis mieux payer le prix de si hauts faits,
Prince, qu'en te laissant le choix de mes bienfaits.
Dans cet embrassement quelle seroit ma joye,
Si mon ame aux chagrins d'ailleurs n'étoit en proye ?

Apprens que Bajazet perfiste à m'outrager ;
Et que c'est par son sang que je vais m'en venger.

ADANAXE.

(à part.)   (haut.)

L'ai-je bien entendu ? Seigneur, pourrois-je croire . . . .

TAMERLAN.

Par ce juste trépas j'assure ma victoire,
Je l'immole à l'Asie ; & malgré ses lauriers,
Il servira d'exemple aux barbares guerriers.
Qui cause en vous ce trouble, & pourquoi ce silence ?

ADANAXE.

Pour me taire, seigneur, je me fais violence ;
Mais mon cœur, trop pressé de tout ce qu'il ressent,
Fait, pour vous le celer, un effort impuissant.
Estimé d'un vainqueur que tout craint, que tout aime,
Jaloux d'en affermir la puissance suprême,
Pénétré des vertus qui le font adorer,
Pour Bajazet, seigneur, j'ose les implorer.

TAMERLAN.

Qu'osez-vous, Adanaxe ! Une pitié blâmable
Vous séduit en faveur d'un captif intraitable,
D'un lâche usurpateur ennemi de la paix,
Et dont les cruautés ont fait tous les succès ;
Sa fierté, ses mépris, sa constante arrogance,
Ses refus, tout enfin m'ordonne la vengence.
Ah ! S'il avoit sur moi les droits que j'ai sur lui,
Prince, vous pleureriez Tamerlan aujourd'hui.
Assez & trop long-temps je souffre qu'il m'outrage.
Plus d'un motif enfin à sa perte m'engage.

ADANAXE.

S'il eſt quelque motif qui doive en décider,
Combien en avez-vous , ſeigneur, pour m'accorder...

TAMERLAN.

Quoi ?

ADANAXE.

    Sa grace. Oui, ſeigneur, & tout vous la demande.
Votre intérêt le veut, l'honneur vous le commande :
Il fut votre ennemi , vous étes ſon vainqueur :
Il vous brave : des fers il éprouve l'horreur.
C'eſt toujours Bajazet ; mais il n'a plus d'empire.
Il vit : mais votre eſclave ; il ne peut plus vous nuire.
Du plus illuſtre ſang c'eſt un prince fameux :
S il eſt coupable, hélas ! N'eſt-il pas malheureux ?

TAMERLAN.

Vous m'offenſez. Son ſort le rend-il excuſable ?
Peut-il juſtifier un ennemi coupable ?

ADANAXE.

Vous l'avez condamné , ſeigneur ; dès à preſent
Il ne ſauroit jamais me paroître innocent.
Je ſais à quel excès ſe porta ſon audace ;
Et Bajazet vaincu mérite ſa diſgrace :
Mais épargnez un ſang dont le ſort rigoureux
Vous donne moyen d'être un vainqueur généreux.
Vous le fûtes toujours, & tout veut que j'eſpére
Que vous étoufferez un deſſein ſanguinaire.
Que vois-je! Vos regards trahiſſent mon eſpoir.
Et bien , puiſqu'il le faut , vous allez tout ſavoir.

Des jours de Bajazet, ſeigneur, dépend ma vie.

TAMERLAN.

Comment! Quel intérêt?

ADANAXE.

J'aime...

TAMERLAN.

Eh bien?

ADANAXE.

Aſtérie.

TAMERLAN.

Qu'entens-je! Vous l'aimez? Quel temps a pris l'amour?
Pendant plus de trois ans ſans paroître à ma cour,
Pour des deſſeins ſecrets vous reſtâtes en Grece....

ADANAXE.

Ce fut-là que l'amour m'offrit cette princeſſe;
C'eſt elle que j'aimai ſous le nom de Néphis.

TAMERLAN.

Aurois-je crû vous voir le rival de mon fils?

ADANAXE.

Le rival de Thémir! O fortune cruelle!
Quel prix réſerviez-vous à ma flamme fidéle?
Je dois donc l'étouffer; & le fils de mon roi,
Devenu mon rival, m'en impoſe la loi.

TAMERLAN.

Non, l'on ne verra point l'heritier de l'empire
S'unir au ſang cruel qui le vouloit détruire.

ADANAXE.

Ah! Puiſque de Thémir vous condamnez l'ardeur,
Conſentez que l'eſpoir renaiſſe dans mon cœur.
Ce bras de votre nom vient d'étendre la gloire;
Si je puis eſperer un prix à ma victoire,

Souffrez qu'un doux hymen, autorifant mes feux;
Conferve Bajazet, & rempliffe mes vœux.

TAMERLAN *à part.*

C'eft par un tel hymen qu'il faut d'un fils perfide
Punir le lâche amour.

ADANAXE *à part.*

O ciel. Fais qu'il décide....

TAMERLAN *à part.*

Si Bajazet fe rend, j'y veux bien confentir.
(*haut.*)
Eh bien, qu'il vive encor.

ADANAXE.

Je ne puis trop fentir....

TAMERLAN.

Fléchiffez fon orgueil, changez fon cœur barbare;
Qu'à fe foumettre enfin votre amour le prépare.
Faites-lui fur fa fille aprouver vos deffeins;
Je confens que l'hymen uniffe vos deftins.
Vous voyez à quel point va ma reconnoiffance:
Votre amour cependant, malgré ma complaifance,
Prince, de trop d'efpoir ne doit point fe nourrir;
Bajazet doit enfin fe foumettre, ou périr.

Fin du fecond acte.

ACTE III.

SCENE PREMIERE.

ADANAXE, AXALLA.

ADANAXE.

JUGE après tant de maux, si ma joye est extrême
De me trouver vainqueur, & près de ce que
j'aime.

AXALLA.

Prince, dans les transports qu'il vous doit inspirer,
A voir ce cher objet pouvez-vous différer ?

ADANAXE.

Oui, mon cher Axalla, mon cœur doit se contraindre;
Tout heureux qu'il paroît, il doit encor tout craindre.
Thémir est mon rival, son amour est pressant;
On le hait. Mais qu'un trône est un attrait puissant.
Un autre obstacle encor allarme ma tendresse,
Tu sais, que pour servir nos desseins sur la Grece,
Tamerlan ne voulut se confier qu'à moi;
Et, que pour mieux remplir ce délicat emploi,
Je me dis chez les Grecs prince de Corasane;
Que je n'en fus connu que sous le nom d'Arsane,

Sous ce nom, Aftérie ayant fouffert mes feux,
Ignore qu'Adanaxe eft Arfane amoureux.
Puis-je donc m'avouer de ce fang redoutable
Que des fers fi honteux lui rendent fi coupable ?
Apprendroit-elle, hélas ! Sans en frémir d'horreur,
Que ce fang de fi près m'unit à fon vainqueur ?
Je dois, pour prévenir cette horreur légitime,
Ne paroître à fes yeux que fûr de fon eftime.
Bajazet, par moi feul garanti du trépas,
Difpofera fon cœur à ne me haïr pas.
Que dis-je ? De ce cœur fi cher à ma penfée,
La tendreffe d'Arfane eft peut-être effacée ?
Et, n'ofant me flatter que de fon fouvenir,
L'abfence & fes malheurs n'auront pû me bannir,
Je ne veux avouer le fecret qu'elle ignore,
Qu'affuré fi pour moi l'amour l'infpire encore.
Près de fon pere enfin je dois la mériter.

AXALLA.

Votre cœur généreux au moins doit s'en flatter.
Mais quel deftin propice à votre tendre envie,
Vous a fait dans Néphis reconnoître Aftérie ?
Achevez un récit où je prens tant de part.

ADANAXE.

Tu fais déjà quel fut fon funefte départ :
Long-temps je fuccombai fous ce coup effroyable :
Ranimé cependant par le trait qui m'accable,
Pendant plus de trois ans je fis chercher Néphis :
Ce fut en vain, par-tout mes foins furent trahis.
Mon amour augmentoit l'horreur de fon abfence,
De la revoir jamais je perdois l'efpérance.

J'étois prêt d'expirer de douleur, de regret,
Quand je trouvai dans Burse un fils de Bajazet.
Ce prince infortuné, nonobstant sa misere,
Partageoit en héros les malheurs de son pere ;
Et, du sort de son sang me peignant la rigueur,
Je sus, qu'aimant Néphis, je brûlois pour sa sœur.
Juge combien alors mon ame fut saisie,
De retrouver Néphis dans l'illustre Astérie ?
A l'instant, pour revoir de si charmans appas,
Mon cœur me sollicite & devance mes pas.
Pour me rendre en ces lieux, j'allois quitter la Grece,
Lorsqu'un ordre fatal que Tamerlan m'adresse,
Me transporte en Egypte. Ardent à mon devoir,
Je pars, j'arrive au Caire avec le désespoir,
Animé par l'amour, secondé par la gloire,
Des mains de l'ennemi j'arrache la victoire ;
Mais tu dois, Axalla, juger par mon retour,
Qu'un triomphe si prompt n'est dû qu'à tant d'amour.

AXALLA.

Prince, un si tendre amour, commencé par les larmes,
A dû vous préparer aux plus tristes allarmes.
Un cœur, en te donnant, se livre au déplaisir ;
Et le premier tourment naît du premier soupir.

ADANAXE.

Je l'éprouve, Axalla ; mais j'implore ton zéle,
Adanaxe attend tout d'un ami si fidéle.
D'un vainqueur irrité désarme la rigueur,
Il doit tout à ton bras, tu peux tout sur son cœur.

AXALLA.

Tout me porte à servir un prince magnanime,
Dont j'ai sû mériter la faveur & l'estime.

Faites

Faites tous vos efforts pour toucher l'Ottoman ;
Et comptez fur les miens pour fléchir Tamerlan.

ADANAXE.

Ah ! Du fier Bajazet que je crains la préfence !
Ciel ! Que vais-je exiger de fa reconnoiffance ?

AXALLA.

Tamerlan lui permet ici votre entretien,
S'il trahit votre efpoir, ne lui déguifez rien,
Montrez-lui, pour fléchir cette ame fi barbare,
Le coup qu'à fes refus un fier vainqueur prépare.
On ouvre ... Je le vois. Hélas, quel eft fon fort !

SCENE II.

BAJAZET enchaîné, ADANAXE, AXALLA, GARDES de Bajazet.

BAJAZET.

ME conduit-on ici pour m'annoncer la mort ?

ADANAXE.

Ne me foupçonnez pas d'un coup que je détefte ;
C'eft à moi plus qu'à vous qu'il eût été funefte.
On vous en menaçoit, feigneur, de juftes vœux
On fû vous garantir d'un deffein fi honteux.

BAJAZET.

Dès long-temps au trépas j'accoûtume ma vûe ;
Mon ame à fon afpect ne feroit point émûe.
Pourroit-il m'étonner ? Maître de l'éprouver,
Bajazet vit encore ; & pour le mieux braver,

C

Il supporte une vie à lui-même importune ;
Mais, prince, qui partage ici mon infortune ?
Est-ce vous ?

ADANAXE.

Oui, seigneur. De vos illustres jours
J'ai la gloire aujourd'hui de prolonger le cours.
A mes plus chers desirs Tamerlan favorable,
A révoqué pour moi cet arrêt redoutable ;
Et dussai-je encourir tout son ressentiment,
Je défendrai vos jours jusqu'au dernier moment.

BAJAZET.

Ta générosité ne sert point mon envie ;
C'est aigrir mes douleurs que conserver ma vie :
Dans les divers transports dont je suis combattu,
Je ne puis cependant qu'admirer la vertu.
Se peut-il que frappé du coup le plus terrible,
Je trouve à mes malheurs un Tartare sensible !
Je ne rougirois plus d'un sort tel que le mien,
S'ils avoient tous un cœur aussi grand que le tien.
Contre eux brulant de haine, enflammé de vengeance,
Je ne puis te haïr. Quoi, tu prens ma défense !
Qui t'interesse au sort dont j'éprouve les coups ?

ADANAXE.

Eh ! C'est ce même sort qui m'attendrit pour vous.
Je vous plaignois, seigneur ; mais quel suplice extrême,
Que de voir à ses yeux souffrir la vertu même !
Oui, tout m'attache à vous par de secrets liens ;
Vos ennuis, vos affronts, vos malheurs sont les miens.

BAJAZET.

O générosité que Bajazet admire !
Pour moi, cher ennemi, quel motif te l'inspire ?

ADANAXE.

Ce font, feigneur, ce font vos illuftres vertus;
C'eft Bajazet lui-même, enfin, c'eft encor plus.
C'eft... A mon trouble, hélas! Ne pouvez-vous connoître
Les defirs de mon cœur, & ce qui les fait naître?
Seigneur, j'ofe afpirer au bonheur le plus doux,
Et ce parfait bonheur ne dépend que de vous.

BAJAZET.

Dans l'état où je fuis que pourrois-je entreprendre?
Mais s'il me refte encor des faveurs à répandre,
D'un cœur reconnoiffant tu peux tout efperer.

ADANAXE.

Un efpoir fi flatteur ne peut me raffurer.
Souffrez qu'à vos genoux un prince témeraire
Obtienne le pardon d'un crime involontaire.

BAJAZET.

Un tel aveu de vous a de quoi m'étonner!
Quel eft donc ce forfait que je puis pardonner?

ADANAXE.

Mon ame audacieufe, à l'amour affervie,
Ofe vous demander....

BAJAZET.
Quoi?

ADANAXE.
La main d'Aftérie.

BAJAZET.

Ma fille! O ciel! Ah prince, en quel étonnement....

ADANAXE.

Je refpecte, feigneur, votre reffentiment.
Je vous laiffe. Aftérie en ce lieu va fe rendre;
Je troublerois, fans doute, un entretien fi tendre:

Songez que Bajazet est maître de mon sort ;
Que ma vie en dépend, & peut-être sa mort,

SCENE III.

BAJAZET, AXALLA.

BAJAZET.

Malheureux Bajazet, quelle est ta destinée ?
De quels affronts ta gloire est-elle environnée!

AXALLA.

Faites céder la gloire à la nécessité,
Seigneur, & Tamerlan vous rend la liberté.

BAJAZET.

Que ce cruel plutôt assouvisse sa rage.

AXALLA.

Cessez de l'accuser du sort qui vous outrage.

BAJAZET.

Non ; je ne daigne pas de mon destin cruel
Accuser mon vainqueur ; j'en accuse le ciel.
Puissant, craint, réveré, vainqueur, comblé d'hommages ;
Que pouvoient les mortels contre tant d'avantages,
Si dans tous ses decrets le ciel déterminé,
A périr malheureux ne m'avoit condamné ?

AXALLA.

Trop avide de gloire, on estime équitables
Des projets, que le ciel souvent juge coupables.

BAJAZET.

Si de nobles desirs nous rendent criminels,
O Destin ! Je le fus plus que tous les mortels ;

Et je fens, en bravant les coups dont tu m'opprimes,
Que l'amour de la gloire eft le plus doux des crimes.

SCENE IV.

BAJAZET, ASTERIE, AXALLA, GARDES.

ASTERIE.

SE peut-il qu'un cruel, fufpendant fon couroux,
Seigneur, me laiffe encore embraffer vos genoux ?

BAJAZET.

Ma fille, embraffe-moi. Ce n'eft pas fa clémence
Qui me laiffe jouir de ta chere préfence;
Pour nous toujours barbare, il n'avoit projetté
De n'offrir à tes yeux qu'un pere enfanglanté.

ASTERIE.

Ciel! Vous deviez mourir?

BAJAZET,

Oui, ma fille, la vie
Sans les foins d'Adanaxe alloit m'être ravie.

ASTERIE.

Eh! Quel fang a formé ce mortel généreux ?

BAJAZET.

Le fang de Tamerlan.

ASTERIE.

Hé! Quel fang plus affreux !
Mais enfin il vous fauve, il prend votre défenfe,
Et ma haine fait place à la reconnoiffance.

BAJAZET.

Mais fais-tu par quel prix il veut fe l'affurer ?
Par toi-même. A ta main ce prince ofe afpirer.

ASTERIE.

A ma main ? Jufte ciel !

AXALLA.

N'en foyez point furprife,
Madame, dans ce choix Tamerlan l'autorife.

BAJAZET.

Quoi ! Ce tyran prétend difpofer de fon cœur ?

AXALLA.

Ah, feigneur, ce n'eft point un trait de fa rigueur.
Ce prince à cet himen devenu favorable,
Paroît fe dépouiller d'un courroux redoutable ;
Et bien-tôt, rapellant fa générofité,
Elle peut de tous deux fceller la liberté :
Mais fi, malgré l'efpoir de fortir d'efclavage,
Vous rebutez un choix qui devient fon ouvrage ;
Pour punir des refus qui pourroient l'outrager,
Peut-être faudroit-il du fang pour le venger.

ASTERIE.

Ciel ! Je frémis.

AXALLA.

Seigneur, pardonnez mon audace ;
Mais je tremble pour vous du fort qui vous menace.

(*Axalla fort avec les Gardes.*)

SCENE V.

BAJAZET, ASTERIE.

BAJAZET.

Tamerlan fur ma fille étendroit fa fureur?
Non ; je lis dans le fond de fon perfide cœur.
Ce cruel avec moi ne veut point d'alliance :
Il veut par mes refus colorer fa vengeance ;
Mais ne nous plaignons point de ce lâche tranfport,
Puifqu'en le dédaignant il affure ma mort ;
Ma fille , à la fouffrir mon ame eft préparée.

ASTERIE.

Hélas ! De quels tourmens la mienne eft déchirée !
Je vous perdrois, feigneur? Après ce coup affreux,
Peut-être que la mort feroit fourde à mes vœux ;
Et mes fers à Themir préfentant fa victime,
Que fai-je , fi ma mort feroit fon plus grand crime ?
Ah ! Si votre vainqueur devient votre boureau,
Donnez-moi les moyens de vous fuivre au tombeau ;
Non ; au tyran plûtôt oppofez Aftérie,
Seigneur , ma main , mon fang , éteindront fa furie.

BAJAZET.

Tu veux donc qu'Adanaxe enfin foit ton époux?

ASTERIE.

Je veux que vous viviez , ou mourir avec vous.

BAJAZET.

A l'excès des malheurs où le deftin nous livre,
N'ajoutons pas encor le fuplice de vivre.

Comme un préfent du Ciel acceptons notre mort;
Préparons-nous enfemble à cet illuftre effort.
Reçois dans ce poignard tout le bien qui me refte;
Je t'offre, en frémiffant, un fecours fi funefte.
J'acquis de tels fecours, quand mon fils en fecret
Tenta, mais vainement, de fauver Bajazet.
Du vainqueur à préfent brave la tyrannie;
Et répons par ta mort à l'honneur de ma vie.

A S T E R I E.

Je ne trahirai point ce que vous doit mon cœur :
Mais daignez quelque temps confulter ma douleur.

B A J A Z E T.

Non; à la vie en vain la pitié me rapelle.
Quand la gloire a parlé je dois n'écouter qu'elle.
Je mourrai; de ma mort je chérirai les coups;
Sans la tienne, ma fille, ils me feroient trop doux.

A S T E R I E.

Plûtôt que d'arracher, puifque je vous fuis chere,
Bajazet à fa fille, Aftérie à fon pere ;
Oui, plûtôt qu'un tyran de vous foit l'affaffin,
Laiffez-moi lui plonger ce poignard dans le fein.

B A J A Z E T.

Non, ma fille, & ma gloire....

A S T E R I E.

En vain elle s'offenfe

D'un deffein qui peut feul remplir notre vengeance ;
Il mourra, le cruel. Dois-je donc, pour mourir,
Attendre qu'à mes yeux il vous ait fait périr ?

B A J A Z E T.

Ah! Loin de m'attendrir, cache-moi ta tendreffe;
Epargne à Bajazet fa premiere foibleffe.

Adieu. N'attente rien ; calme ton défefpoir ;
Puifqu'il nous eft encor permis de nous revoir.

SCENE VI.

ASTERIE, *le poignard à la main.*

JUfte ciel ! Quand je puis terminer ma mifere,
Pourquoi fuis-je liée au deftin de mon pere ?
                              (*Elle ferre fon poignard.*)
Quel fpectacle pour moi que fon front glorieux,
Tout couvert des affronts d'un vainqueur furieux!
Faut-il voir ce héros en proye à l'infamie ?
Sa grandeur profanée , & fa gloire avilie ?
Ses bras, cent fois vainqueurs , retenus par des fers;
Enfin fa vie en butte aux plus honteux revers ?
Eft-ce-là Bajazet ? A cette affreufe image
Connoîtrois-je mon pere , hélas ! fans fon courage ?
Mais dans quel défefpoir vient me précipiter
Un amour inconnu que je dois détefter ?
Ah ! Dois-je t'en punir, ô généreux Tartare ?
Que dis-je, généreux ? Non tu n'es qu'un barbare;
Vainement Tamerlan s'explique en ta faveur,
Un tyran qui peut tout ne peut rien fur un cœur.
On ouvre… Je frémis ! Que mon ame eft émue !
C'eft fans doute Adanaxe ? Ah ! Pour moi quelle vue !

SCENE VII.

ADANAXE, ASTERIE.

ADANAXE *à part.*

JE le vois cet objet fi long-temps defiré!

ASTERIE *à part.*

Quel fon me frappe?

ADANAXE.

Objet digne d'être adoré.

Hélas!

ASTERIE.

Ciel! Quels accens ici fe font entendre?

ADANAXE.

Se peut-il que mon cœur craigne un moment fi tendre?
Paroiffons.

ASTERIE.

Quels tranfports m'infpire cette voix?

Se pourroit-il . . . .

ADANAXE.

Princeffe,

ASTERIE.

Ah! Qu'eft-ce que je vois?

ADANAXE.

Après toute l'horreur d'une abfence cruelle,
Souffrez qu'à vos genoux l'amant le plus fidéle
Plein d'amour, de refpect.

ASTERIE.

A mon faififfement,

Hélas! Je doute encor d'un afpect fi charmant.

Le croirai-je ? Eſt-ce vous, prince de Corazane ?
Oui, mon cœur me le dit, & c'eſt vous cher Arſane.

ADANAXE.

Il vous revoit enfin, cet Arſane amoureux,
Cet Arſane conſtant, autant que malheureux.
Je vous quittai ſaiſie de troubles & d'allarmes :
Séparé, loin de vous, je vivois dans les larmes,
Lorſque j'appris, plaignant le ſort de Bajazet,
Que ſa fille avec lui dans les fers gémiſſoit,
Et qu'elle étoit Néphis. Fut-il douleur plus vive ?
Je vous avois ſauvée, & vous étiez captive.
Depuis ce jour fatal, victime du devoir,
Je n'ai pû me livrer au bonheur de vous voir ;
Mais ſûre de ce cœur que vous deviez connoître,
Pourquoi m'avoir caché le ſang qui vous fit naître ?
Puiſqu'en aimant Néphis, c'étoit vous adorer,
D'un ſort ſi glorieux deviez-vous me fruſtrer ?
Par-tout ſuivant vos pas aux dépens de ma vie,
J'aurois ſû mériter ce ſort digne d'envie :
Chere princeſſe, hélas ! Quand je puis en jouir,
Peut-être qu'en ce jour vous allez me haïr.

ASTERIE.

Moi, je vous haïrois ! Et qui vous le fait craindre ?
En aimant Aſtérie, êtes-vous plus à plaindre ?

ADANAXE.

Pardonnez à l'amour qui m'anime pour vous :
Plus il comble de gloire, & plus il rend jaloux.
Hélas ! Thémir vous aime . . .

ASTERIE.

Et moi je le déteſte ;
Son amour rend encor mon état plus funeſte.

N'accablez point un cœur de chagrins confumé ;
Qui fans vous, je le fens, n'auroit jamais aimé.
Hélas ! Vous ignorez mes allarmes préfentes
Qui font, en vous voyant, mille fois plus preffantes.
Victime des fureurs d'un vainqueur offenfé,
Du plus horrible fort mon pere eft menacé ;
Et ce jour va peut-être éclairer fon fupplice.

A D A N A X E.

Non, non, ne craignez point que ce fort s'accompliffe.
De Bajazet, de vous, je fai tous les malheurs ;
Ce jour, s'il y confent, va finir vos douleurs.
Il n'eft rien que pour lui je ne puiffe entreprendre ;
De mon amour encor vous devez tout attendre.

A S T E R I E.

'Arfane, dans ces lieux, quel eft votre pouvoir ?
Vous me flattez en vain d'un fi charmant efpoir.
La fureur du tyran contre moi s'eft tournée ;
Et voulant maîtrifer jufqu'à ma deftinée,
Le dirai-je ? Il prétend, ce vainqueur inhumain,
D'un prince de fon fang que j'accepte la main.
Adanaxe eft l'époux . . .

A D A N A X E.
       Vous verrois-je livrée . . .

A S T E R I E.

Vous me verrez mourir, & j'y fuis préparée.
Prince, à votre rival mon pere doit fes jours ;
Mais, cher Arfane, hélas ! Que ces jours feront courts !

A D A N A X E, *à part.*

Ciel ! Qu'entens-je ?

A S T E R I E.
       Mon cœur tremble encor pour fa vie.
Tamerlan veut fon fang, s'il n'accorde Aftérie.

Bajazet, j'en frémis, a décidé mon fort...

ADANAXE.

Il vous accorde?

ASTERIE.

Non, il fe voue à la mort.

ADANAXE *à part.*

Où fuis-je? Quel revers? Mais je ne puis plus feindre.
(*haut.*)
D'Adanaxe du moins vous n'avez rien à craindre,
Princeffe, vous voyez ce prince audacieux.

ASTERIE.

Je le vois, dites-vous?

ADANAXE.

Il eft devant vos yeux.

C'eft moi.

ASTERIE.

Vous, Adanaxe? O Ciel! Dans quelle vûe
M'envier fi long-temps cette joye imprévûe?

ADANAXE.

Pour m'avouer d'un fang fi funefte pour vous,
D'un fang trop digne, hélas, de tout votre courroux,
De ce fang ennemi que votre cœur abhorre :
J'aurois trop hazardé de l'irriter encore.
Pouvois-je vous offrir un Adanaxe en moi?
Sans avoir mérité d'être vû fans effroi?

ASTERIE.

Vous, mon ennemi! Non, il n'eft pas de puiffance
Qui ne céd. à l'amour plein de reconnoiffance.

ADANAXE.

Pourrois-je me flatter, hélas, que mon bonheur
M'eût, malgré nos deftins, confervé votre cœur!

Ah! Faut-il,qu'affuré de cette gloire extrême,
Dans la honte des fers je trouve ce que j'aime !
Mais c'eft affez les voir , & c'eft trop les fouffrir ,
Je vais,aimé de vous , les brifer ou mourir.

ASTERIE.

Ménagez une vie à la mienne fi chere ;
Mais ne ménagez rien pour conferver mon pere.
Votre cœur généreux l'a tiré d'un danger ;
Et votre amour pour moi vient de l'y replonger.

ADANAXE.

Je faurai l'en tirer. Raffurez-vous , princeffe ,
Puifque vous confiez fes jours à ma tendreffe ,
Heureux ! Si de la main, qui l'arrache au trépas ,
Vous devenez le prix.

ASTERIE.

　　　　　Ne nous en flattons pas.
Bajazet fur le trône , ou dans l'ignominie ,
Ne confentira point que je vous fois unie.
Jugez de mon état par mes tourmens divers ,
S'il me refufe , il meurt ; & s'il vit , je vous perds.

ADANAXE.

Le ciel à fes vertus prêtera fa défenfe ;
Oui, princeffe , il vivra ; goûtez-en l'efpérance.
Mon amour,étouffant la haine du vainqueur,
Peut rendre à Bajazet fa premiere grandeur :
Alors jufqu'à fon trône, affuré de vous plaire ,
J'irai de mon amour réclamer le falaire ;
Mais pour fléchir fon cœur , qu'il apprenne aujourd'hui,
Ce que j'ai fait pour vous , ce que je fais pour lui.

ASTERIE.

Prince, comptez fur moi. Si quelque efpoir nous flatte,
Les momens nous font chers, que votre zéle éclate.
Sauvez mon pere enfin, forcez par-là fon cœur
A couronner l'amour de fon libérateur.

Fin du Troifiéme acte.

ACTE IV.

SCENE PREMIERE.

TAMERLAN, ADANAXE, AXALLA,
ODMAR, CIARCAN, GARDES.

TAMERLAN.

A quelle extrêmité réduisez-vous mon ame ?
Quand je sacrifierai ma gloire à votre flamme,
Prince, vous flattez-vous que le fier Ottoman
Consente à s'unir au sang de Tamerlan ?

ADANAXE.

Oui, si votre clémence acheve son ouvrage,
Je puis de Bajazet obtenir le suffrage.
Mon sort dépend de vous ; & vous pouvez, seigneur,
Sans blesser votre gloire, assurer mon bonheur.

TAMERLAN en s'asseyant.

Cet orgueilleux Sultan en ces lieux va se rendre ;
C'est en votre faveur que je veux bien l'entendre.
Quoi ! Je puis consentir d'essuyer sa fierté !
Mais je veux bien encor par ce trait de bonté,
Essayer à confondre une ame si hautaine.

SCENE

SCENE II.

TAMERLAN *assis*, BAJAZET, *enchaîné*,
ADANAXE, ODMAR, CIARCAN,
GARDES *de Tamerlan & de Bajazet.*

BAJAZET.

SUR mon affreux destin que t'a dicté ta haine ?
Une seconde fois résout-elle ma mort ?

TAMERLAN.

Bajazet est toujours le maître de son sort.
De vainqueur, qui te hait, ton cœur me qualifie ;
Mais ma haine est trop juste, & tout la justifie.
Ta barbare valeur, prompte à se signaler,
A ton ambition te fit tout immoler.
Ces princes vertueux que le fond de l'Asie
Sembloit devoir souftraire aux coups de ta furie,
Técis, le brave Ætin, Sarcan, Mendesias,
Par elle se sont vû chassés de leurs états.
Une ambassade en vain t'en demanda justice ;
Tu préparas pour moi le même précipice.
Blessé de ton orgueil, lassé de ta fureur,
Le ciel en Tamerlan a choisi son vengeur.
Du sang que tu versas l'Asie encor fumante
Me demande le tien.

BAJAZET.

Satisfais son attente.

D

Qui peut te retenir?

TAMERLAN.
Ma générofité.

BAJAZET.
Tamerlan, dis plûtôt que c'eft ta cruauté.
Pour prolonger mes maux tu différes ma perte.

TAMERLAN.
Eh! Soumets-toi; ta grace à ce prix t'eft offerte.
Rens à mes alliés les états & le rang,
Que tu fûs ufurper aux dépens de leur fang.
Je t'ai vaincu: je veux un prix à ma victoire;
Je prétens qu'un tribut éternife ma gloire;
Que l'hymen propofé fcelle notre traité;
Tu ne peux qu'à ce prix avoir ta liberté.

BAJAZET.
Que me propofes-tu? T'ai-je pû laiffer croire
Que je l'acheterois aux dépens de ma gloire?
Quoi! D'un tribut honteux je fubirois la loi,
Quand la Grece & l'Afie ont vû leur maître en moi?

TAMERLAN.
Tu le fus par la force, & non par la juftice;
Le ciel, à tes projets ceffant d'être propice,
T'apprend qu'il fait punir par des revers honteux
Les rois enorgueillis de leurs crimes heureux.

BAJAZET.
Les tyrans devroient feuls en être les victimes;
Et tu ne vivrois plus, s'ils puniffoient les crimes.
Crois-tu par tes exploits devoir juger des miens?
Qui t'armoit, répons-moi, contre les Lybiens?
Et de quel droit toi-même, enfanglantant l'Afie,
Accablois-tu de fers l'Egipte & l'Amafie?

TAMERLAN.

Mes coups par l'équité furent autorisés,
Et Bajazet vaincu me justifie assez.

BAJAZET.

Tes triomphes (cruel) te font croire équitable,
Et les miens, près de toi, seuls m'ont rendu coupable.
A régner dans ces lieux ton sang n'eût point de droits,
Et le mien en naissant leur a donné des loix.
Enfin, si l'univers devoit avoir un maître,
C'est moi, c'est Bajazet, qui seul eut droit de l'être.
Si l'éclat de ma gloire avoit sû t'outrager,
Sur la sultane, hélas! devois-tu t'en venger ?
Cette princesse, en proye à ta rage insolente,
A pour s'en arracher, trouvé sa mort trop lente;
Son trépas n'a pû même assouvir ta fureur:
Chaque jour Astérie en éprouve l'horreur.
Tu veux m'en séparer; & menaçant ma vie,
Tu crois être un héros né pour venger l'Asie;
Tu te dis son vengeur; mais tu n'es que le tien.

TAMERLAN.

Comment, quand Tamerlan t'accorde un entretien,
Par l'insulte déjà ta fierté le commence?
Ton orgueil, Bajazet, se fie à ma clémence.

BAJAZET.

Il falloit, pour prouver ta générosité,
Ne pas à prix d'affronts m'offrir la liberté,
Me rendre à mes sujets : libre alors, sans contrainte,
Bajazet auroit pû satisfaire à ta plainte;
Mais dans l'horreur des fers, & privé de ses droits,
Ne crois pas le forcer à recevoir tes loix.

Mes braves Ottomans, aux dépens de leurs têtes,
Sauront te difputer, & garder mes conquêtes ;
Et fi par un tribut ils pouvoient m'obtenir,
D'un zéle fi honteux je faurois les punir.
Seul, je pouvois fruftrer ta fureur inhumaine
Du fpectacle cruel dont fe repaît ta haine ;
Mais j'ai voulu braver un tyran tel que toi ;
Et fi je dois périr, périr digne de moi.

T A M E R L A N.

Quoi ! Devant ton vainqueur, & toi dans l'efclavage,
A d'injuftes refus tu joins encor l'outrage ?

B A J A Z E T.

Tamerlan en vainqueur peut tout me demander ;
Mais Bajazet captif ne fait rien accorder.

T A M E R L A N.

C'en eft trop, Bajazet ; tu laffes ma clémence !
Et tu veux, malgré-moi, mériter ma vengeance.
Quoi ! Lorfqu'un fentiment, fans doute trop humain,
A d'équitables coups veut dérober ton fein,
Tu m'offenfes, barbare ! Et ton cœur tyrannique
Se fait de me braver un devoir héroïque.
La gloire dès long-temps nous a rendu rivaux,
Hé bien, ta mort faura déméler le héros.

B A J A Z E T *en fe retirant.*

Je l'attens.

A D A N A X E *à Bajazet.*

Arrêtez. Quelle barbare envie
Vous force à prodiguer la plus illuftre vie !
Maître de vivre, hélas ! Quel coupable tranfport,
Seigneur, vous fait courir audevant de la mort ?

Aftérie à ce coup pourra-t-elle furvivre ?

BAJAZET *en fe retirant.*

Non, fi Bajazet meurt, elle faura le fuivre.

ADANAXE.

Quoi! Vous facrifierez votre fang & le fien ?
Ah! Laiffez-vous toucher . . . .

BAJAZET *en fortant.*

Je n'écoute plus rien.

SCENE III.

TAMERLAN ADANAXE, AXALLA, ODMAR, GARDES de Tamerlan.

TAMERLAN.

HE bien, prince ?

ADANAXE.

Ah, feigneur! Le rang de la victime,
La pitié, mon triomphe, & l'amour qui m'anime,
Rien ne peut-il encor de votre illuftre cœur
Obtenir un pardon glorieux au vainqueur ?

TAMERLAN.

Qu'ofez-vous exiger de mon ame offenfée ?

ADANAXE.

Des plaintes d'un captif peut-elle être bleffée ?
S'il faut qu'une victime appaife fon courroux,

(Il fe jette aux genoux de Tamerlan.)

Seigneur, je vous la livre, elle eft à vos genoux.

D iij

TAMERLAN.

L'amour à cet excès a-t-il pû vous féduire ?
Et vous faire oublier ce que la gloire infpire.

ADANAXE.

L'un & l'autre, feigneur, ont mêmes attributs ;
L'amour comme la gloire infpire des vertus.
Comme elle, il fait braver les dangers, les allarmes ,
Ses captifs de fes mains lui font tomber les armes.
Il nous rend généreux. Maître de fon couroux ,
Il aime à pardonner. Que ne l'éprouvez-vous ?

TAMERLAN.

Le cœur de Tamerlan n'eft fait que pour la gloire ;
Je prétens profiter des droits de ma victoire.
Si je dois quelque prix à vos heureux exploits,
Ce ne fera jamais aux dépens de mes droits.
Prince, fur Bajazet vous pouvez tout prétendre ;
Mais vos efforts de moi ne doivent rien attendre.

SCENE IV.

ADANAXE *feul.*

TOUTE efpérance, ô ciel ! eft ravie à mon cœur ;
Le vaincu veut fa mort autant que le vainqueur.
Conquérans glorieux, après votre victoire,
Le fang que vous verfez accroît-il votre gloire ?
Un vain honneur doit-il enfanglanter vos mains?
Devient-on des héros en ceffant d'être humains?
Ah ! D'une fauffe gloire efclaves & victimes ,
Dans tous autres que vous vous puniriez vos crimes.

Enfin, puifque la haine & des tranfports vengeurs
Contre un fang qui m'eft cher uniffent leurs fureurs,
Prodiguons tout le mien pour fauver une vie
D'où dépend le bonheur de la trifte Aftérie.
Sacrifions pour elle ambition, grandeur,
Perdons de Tamerlan l'eftime & la faveur ;
Encourons, s'il le faut, fa haine & fa difgrace ;
Mais fauvons Bajazet du fort qui le menace.
Qu'apperçois-je ? Thémir ! Quel contre-temps fatal !

SCENE V.

THEMIR, ADANAXE.

THEMIR.

IL eft donc vrai qu'en toi Thémir trouve un rival ?
Quoi ! Le jufte refpect, qu'exige ma naiffance,
N'a donc pû condamner ton amour au filence ?
Ton cœur audacieux, afpirant à mon choix,
Ofe-t-il violer tout ce que tu me dois ?

ADANAXE.

Seigneur, fi vous aimez, vous avez dû connoître
Qu'un amour, tel qu'il foit, ne connoît point de maître.
Mon cœur avant le vôtre éprouva fon pouvoir ;
Ai-je dû pour aimer confulter mon devoir ?

THEMIR.

Inftruit par mes malheurs que j'aimois la princeffe,
Tu devois dans ton cœur renfermer ta tendreffe ;
Mais en ofant l'aimer, tu te flattes en vain,
Au mépris de mes feux, de m'arracher fa main ;

D iiij

Quelqu'efpoir dont l'amour puiffe enflammer ton ame,
Tes jours me répondront du fuccès de ma flamme.

ADANAXE.

Prince, n'infultez point à mon fort rigoureux!
Tout aimé que je fuis, en fuis-je plus heureux?

THEMIR.

Ciel! Tout aimé qu'il eft? Quoi, c'eft donc toi qu'on aime?
Cet aveu met le comble à mon malheur extrême.
Je céde à la fureur de mes reffentimens.
Ton bonheur eft pour moi le plus grand des tourmens.
Oui, mon amour trahi, tout le courroux d'un pere,
Moins qu'Adanaxe heureux, excitent ma colere:
J'aime Aftérie enfin; tu dois me la céder;
Ou redoute . . .

ADANAXE.

Eft-ce à moi qu'il faut la demander?
Prince, elle peut toujours difpofer d'elle-même;
A force de vertus, faites qu'elle vous aime;
Et fouffrez que mon cœur, prompt à vous imiter,
A force de vertus ofe la difputer.

THEMIR.

Du deftin de nos feux ton ame trop inftruite
En commet à-préfent le fuccès au mérite;
Mais Thémir, qui fe voit la victime des fiens,
En commet le fuccès à de plus prompts moyens.

ADANAXE.

Quel injufte courroux! Quel tranfport vous anime!
Aux cruautés d'un pere allez-vous joindre un crime?
Ah! Plûtôt oppofez votre amour à fes coups,
Bajazet va périr, feigneur, l'ignorez-vous?

THEMIR.

Qu'entens-je ? Il va périr.

ADANAXE.

Oui, fauvons-lui la vie.
Songez qu'en le perdant, nous perdons Aftérie ;
Et montrons, en fervant d'infortunés vaincus,
Qu'un véritable amour eft l'ame des vertus.

THEMIR.

Sais-tu, qu'en les fauvant, tu deviendrois un traître ?

ADANAXE.

En fauvant Aftérie, hélas! Pourrois-je l'être ?
Mais joignons-nous, feigneur ; & pour la conferver,
Allons . . . .

THEMIR.

Sans ton fecours je faurai la fauver . . .
Ciel ! Je la vois ! Mes fens fe glacent à fa vûe.

ADANAXE.

De fes malheurs au moins cachons lui l'étendue.

SCENE VI.

ASTERIE, THEMIR, ADANAXE.

ASTERIE *fans les appercevoir.*

VAINQUEUR barbare, auteur de mon cruel tour-
ment . . .
C'eft vous ! Princes, hélas ! A mon égarement
Connoiffez ma douleur. D'un infortuné pere
J'ignore le deftin. Que faut-il que j'efpére ?

Mon cœur faifi d'effroi craint de l'interroger ;
Et de l'état du fien que dois-je préfager ?
Son filence me livre à des terreurs extrêmes...
Mais qu'apperçois-je?Hélas! Vous vous troublez vous mêmes?
Dans vos triftes regards je ne lis que l'effroi ;
C'en eft fait. Je le fens ; tout eft perdu pour moi.

THEMIR.

Haï de vous , madame , & profcrit de mon pere,
J'ai perdu le pouvoir de fléchir fa colere ;
Quand mon amour pour vous auroit pû la calmer ,
Votre haine pour moi fauroit la rallumer ;
Vos cruautés enfin l'irriteroient encore :
Je m'en plains à regret, puifque je vous adore ;
Je vais vous le prouver, madame, ou je mourrai.

(Il fort.)

ASTERIE.

Va, plus tu m'aimeras , plus je te haïrai.

ADANAXE.

Quelques momens encor faites tréve à vos larmes ;
Princeffe, mes deffeins finiront vos allarmes ;
Vous allez dès ce jour les voir exécutés ,
Calmez donc vos frayeurs.

ASTERIE.

Ah! Vous les augmentez.
Cher prince , tirez-moi de ma peine cruelle.

ADANAXE.

A ces deffeins preffans votre intérêt m'appelle.
Je vais ...

ASTERIE.

Où courez-vous ! O mortelles douleurs!

ADANAXE *en fortant.*

Je vais périr, princeffe, ou finir vos malheurs.

SCENE VII.

ASTERIE seule.

ILs me quitttent tous deux! Quel siniſtre préſage!
O ciel! Secourez-moi, ſoutenez mon courage.
Mais quels ſont leurs deſſeins? Pourquoi me les celer?
Quelle horreur me ſaiſit? Quel coup doit m'accabler?
Triſte, inquiet, confus, chacun d'eux me proteſte,
Et que m'aſſurent-ils? Quel diſcours plus funeſte!
On va finir (dit-on) mes malheurs, ou mourir.
Ah! Je n'en puis douter, mon père va périr.
L'honneur, le ſang, l'amour, la vengeance & le crime
N'offrent à mon eſpoir qu'un effroyable abyſme.
O pere infortuné! Que ton ſort eſt cruel!
Tes vertus ont rendu ton vainqueur criminel;
Mais c'eſt trop exhaler une inutile plainte;
Allons ... Mais en quels lieux? Tout redouble ma crainte.
Tout frappe mon eſprit d'un ſpectacle ſanglant;
Je vois mon pere atteint du glaive étinçelant ...
Zaïre vient? O ciel! Ma crainte eſt confirmée.
Barbare Tamerlan!

S C E N E V I I I.

A S T E R I E, Z A I R E.

Z A I R E.

CEffez d'être allarmée.
Bajazet s'adoucit & demande à le voir.

A S T E R I E.

Pour Aftérie, Hélas? Seroit-il quelqu'efpoir?
Il veut voir Tamerlan! Le croirai-je, Zaïre?

Z A I R E.

Rien n'eft plus vrai, madame, & même il lui fait dire
Que de leur entrevûe ils feront fatisfaits.

A S T E R I E.

Quoi! Son cœur du tyran pardonne les forfaits?
Et pour moi Bajazet étouffe fa colere?
Allons; & dans ma joye, adorant un tel pere,
Fortifions en lui le généreux effort
D'où dépendent fes jours, mon bonheur, ou ma mort.

Fin du quatriéme aéte.

ACTE V.

SCENE PREMIERE.

TAMERLAN, AXALLA, ODMAR, GARDES.

TAMERLAN.

Bajazet veut me voir! Que prétend cet esclave?
Dois-je encore écouter un captif qui me brave?

AXALLA.

Seigneur, ce prince assure, & j'en crois ses sermens,
Que ce jour finira tous vos ressentimens.

TAMERLAN.

De cet audacieux que crois-tu que j'obtienne?

e

SCENE II.

TAMERLAN, AXALLA, ODMAR, CIARCAN, GARDES.

CIARCAN.

UN avis important, Seigneur, ici m'amene.
D'un complot inconnu Thémir est soupçonné.
De ses amis armés il est environné.
Mirsas prête son bras au dessein qu'il médite,
Des soldats qu'il commande il rassemble l'élite.
Quelques mots échappés *de poignard dans le sein* ;
Nous font craindre, seigneur, un coupable dessein.

TAMERLAN.

Pour dérober Thémir à ma juste vengeance,
Prévenons, s'il se peut, l'effet de son offense ;
Et pour approfondir ce qu'il ose attenter,
Va, je te charge, Odmar, du soin de l'arrêter.

(*Odmar sort avec les Gardes.*)

SCENE III.

TAMERLAN, AXALLA.

TAMERLAN.

QUOI, mon fils aveuglé d'une flamme odieuse
Ne sent, ne suit donc plus qu'une ardeur furieuse!
Qu'ose-t-il méditer? Peut-être dans mon fils
Vais-je voir le plus grand de tous mes ennemis.
Je ne le connois plus! Nourri dans les allarmes,
La gloire sembloit seule avoir pour lui des charmes;
Associé qu'il étoit à mes travaux guerriers,
Son bras avec le mien partageoit mes lauriers.
L'avenir m'assuroit par d'heureuses prémices,
Qu'après moi de l'empire il feroit les délices;
Et le lâche, aujourd'hui, sacrifie à l'amour
Les fruits que la vertu lui promettoit un jour.

AXALLA.

Contre un tendre penchant, ardent à nous surprendre,
La vertu quelquefois, a peine à nous défendre;
Et vous savez, seigneur, qu'un héros amoureux
Ne compte point trouver d'obstacles à ses feux.
Thémir, de son amour, ne reçoit pour salaire,
Que rigueurs, que mépris, que haine & que colere.
Tout trahit son espoir; & cet état affreux . . . .

TAMERLAN.

Ne fait point oublier que l'on est vertueux.
Un héros à l'amour dispute la victoire,
Tant qu'il le reconnoît indigne de sa gloire;

Si l'amour malgré lui dans son cœur ose entrer,
Les vertus à l'envi l'y doivent illustrer.
Un cœur doit être grand jusques dans sa foiblesse ;
Et rien ne justifie une indigne tendresse.
Hélas! Si Bajazet se plaint d'être outragé,
Par l'amour de Thémir il n'est que trop vengé.
Axalla, que ce jour est pour moi déplorable,
Qui dans un fils si cher m'offre un fils si coupable!

AXALLA.

Je ne croirai jamais que le cœur de Thémir,
Seigneur, jusqu'à ce point ait pû se démentir.

TAMERLAN.

Tu me flattes envain ; le rapport est fidéle ;
Oui, mon fils est un lâche, un perfide, un rebelle ;
Et peut-être, Axalla, si j'en crois mon effroi,
Pour sauver Bajazet il il trame contre moi.
Si de ce noir complot je le trouve complice,
Convaincu de son crime, il est sûr du supplice.
Conçois-tu quel sera l'excès de ma douleur,
S'il faut que dans son sang j'éteigne sa fureur!

AXALLA.

Etouffez un soupçon, seigneur, qui vous irrite.

TAMERLAN.

Ah! Dans ce jour fatal, plus d'un transport m'agite.
Prêt de voir un captif que je ne puis dompter,
Tout vainqueur que je suis, je crains de l'écouter.

AXALLA.

Que craignez-vous, seigneur ? Un cruel esclavage
Ebranle tôt ou tard le plus ferme courage ;
La honte d'y mourir, encor plus que la mort,
Force ce prince altier à céder à son sort.

TAMERLAN

TAMERLAN.

Et c'est ce que je crains.

AXALLA.

Ah! Que viens-je d'entendre?

Quoi! Seigneur ...?

TAMERLAN.

Axalla ; je ne puis m'en défendre ;
Digne de mes secrets, je veux m'ouvrir à toi.
Croirois-tu Bajazet moins malheureux que moi?
Je vais voir ce captif; il va, je le veux croire,
M'accorder tous les droits qu'exige ma victoire;
Mais je le vois en vain soumis à son vainqueur,
Je sens qu'il n'en pourra jamais fléchir le cœur.

AXALLA.

Quoi! Bajazet soumis, & votre tributaire,
Ne pourroit vous résoudre à la paix qu'il espére?
Tamerlan avec lui ne veut-il point d'accord?
Pour être satisfait, que veut-il donc?

TAMERLAN.

Sa mort.

AXALLA.

Ô ciel!

TAMERLAN.

Quand tout permet la haine & la vengeance ;
Plus on est grand, & moins on pardonne l'offense.

AXALLA.

De ces transports, seigneur, il faut se défier.

TAMERLAN.

Ecoute-moi, je vais te les justifier.
Rendant à Bajazet sa premiere puissance,
Tiendroit-il un traité dicté par ma clémence?

E

Par une douceur feinte il veut fa liberté :
Mais libre, il reprendra toute fa cruauté.
Ce prince fur le trône, en proye à fa furie,
D'une nouvelle guerre embrafera l'Afie.
Honteux qu'à des tributs l'Ottoman foit foumis,
Tout, pour s'en affranchir, lui femblera permis.
Déjà, je crois le voir, la rage au fond de l'ame,
Reporter fur l'Euphrate & le fer & la flamme.
A répandre le fang je le vois s'efforcer,
Et regretter celui qu'il n'aura pû verfer :
Ces princes, déplorant ma foibleffe & leur honte,
Des coups de Bajazet me demanderont compte.
Quoi ! Tamerlan pardonne à notre deftructeur ?
Eft-ce ainfi, diront-ils, qu'il eft notre vengeur ?
Des loix des Ottomans nous allons donc dépendre.
A ce jufte reproche, ardent à les défendre,
J'irai les fecourir ; & par de fûrs exploits,
Je faurai les venger une feconde fois ;
Mais de tous leurs malheurs je ferai refponfable.
De tout le fang verfé je me verrai coupable.
Ainfi, pour prévenir tant de fanglans combats,
Parle. Eft-ce injuftement que je veux fon trépas ?

A X A L L A.

Pour vous déterminer, confultez votre gloire,
Ce n'eft qu'elle, feigneur, que vous en devez croire.
Tamerlan tout couvert des vertus des héros
Pourroit-il confentir d'en avoir les défauts ?
Craignez que votre nom, feigneur, ne fe flétriffe
Par un trait de rigueur mafqué par la juftice.
Les motifs apparens de la néceffité
Nous portent quelquefois à l'inhumanité.

Par la haine féduits, la vengeance nous flatte ;
Mais dans les vrais héros jamais elle n'éclate.
Etouffez un tranfport dont gémit votre cœur ;
Laiffez à Bajazet la haine & la fureur.
Le vainqueur fe connoît aux traits de la clémence ;
Il ne fied qu'aux vaincus de chérir la vengeance.
Vous avez affez fait pour nos rois outragés ;
Les fers de Bajazet les ont affez vengés.
Que vous fert un tribut, s'il fe rend tributaire ?
D'un vainqueur tel que vous la gloire eft le falaire.
Dédaignez fa fureur, fa haine & fes guerriers,
Ils ne pourront, feigneur, qu'augmenter vos lauriers.
S'il ofe du traité trahir la foi jurée,
Par fa prife, ma main fut affez illuftrée ;
Je vous le livre encore, & pour lors vengez-vous ;
Mais jufques-là, fouffrez que j'arrête vos coups.
Vainqueur de l'univers votre gloire eft extrême ;
Pour l'immortalifer, foyez-le de vous-même.
Ne verfez point de fang.

TAMERLAN.

Je goûte tes avis ;
Mais qu'il m'en doit coûter, s'il faut qu'ils foient fuivis.
Odmar vient fans mon fils ! O ciel . . .

SCENE IV.

TAMERLAN, AXALLA, ODMAR.

ODMAR.

MA voix tremblante
Vous annonce, à regret, l'entreprise sanglante ...
TAMERLAN.
De Thémir ?

ODMAR.
Oui, seigneur. En sortant de ces lieux,
Par Usbeck aussi-tôt, j'ai sû que furieux,
Ce prince, accompagné d'une troupe choisie,
Tentoit, la force en main, d'enlever Astérie.
J'y cours : déjà son bras avoit percé le sein
Des soldats opposés à ce hardi dessein ;
Les autres dans l'effroi que son rang leur imprime
Respectent, en fuyant, la fureur qui l'anime :
A l'aspect d'Adanaxe il frémit de courroux.
Viens-tu, lui crioit-il, t'opposer à mes coups ?
Ou calmer des transports que ta présence augmente ?
Non, tu me viens braver aux yeux de ton amante ;
Sa présence en ce lieu t'a sans doute appellé
Hé bien, traître, à ses yeux tu vas être immolé.
Ne me respecte plus, & combats ma vengeance.
A ces mots, contre lui, plein de rage il s'avance;
Je me hâtois alors de remplir mon devoir,
Quand par un coup fatal que nous n'avons pû voir,
Un dard lancé l'atteint.

TAMERLAN.

Ciel !

ODMAR.

Il tombe, il s'écrie:
Ah coup infortuné ! Faut-il perdre Aftérie ?

TAMERLAN.

O douleur ! O récit qui me glace d'effroi !
Qu'on m'améne ce fils, ce rebelle à fon roi . . .
Ciel ! Je le vois . . .

SCENE V.

TAMERLAN , THEMIR , AXALLA ,
ODMAR , GARDES.

THEMIR.

SEigneur, vous détournez la vûe ;
Que de pitié du moins votre ame foit émûe.
Ce n'eft plus, il eft vrai, ce fils digne de vous ;
C'eft un fils criminel percé d'indignes coups.
Mais, feigneur, dans mon fang je lave affez mon crime ;
Par un noble pardon confolez la victime.

TAMERLAN.

Et, c'eft ce fang verfé , fils cruel, fils ingrat,
Qui rend plus criminel un fi lâche attentat.
Quel indigne tranfport te l'a fait entreprendre ?

THEMIR.

Il faut avoir aimé pour le pouvoir comprendre.

E iij

En vain contre l'amour j'ai long-temps combattu ;
Un amour malheureux furmonte la vertu.

Dans les bras d'un rival je voyois ce que j'aime
Le combler d'un bonheur applaudi par vous-même ;
Et goûter à l'envi la cruelle douceur
De me rendre témoin de leur commun bonheur,
Je les voyois heureux & j'étois miférable.
J'étois haï, profcrit, défefpéré, coupable.
Mes defirs fans efpoir fe trouvoient confondus,
Que ne rifque-t-on pas, lorfqu'on n'efpére plus !

TAMERLAN.

Faut-il que ta tendreffe en fureur convertie,
T'ait fait trahir un pere au péril de ta vie ?
Puiffai-je au moins te voir, après ce crime affreux,
Vivre pour l'effacer, & mourir vertueux !

THEMIR.

Pour mourir vertueux & digne de mon pere,
Que ne ferois-je pas ? Mais que pourrois-je faire ?

TAMERLAN.

Oublier Aftérie, & rougir d'une ardeur
Qui me couvre de honte & fait tout ton malheur.

THEMIR.

Pourrois-je l'étouffer ? Ce feu qui me dévore,
Ce fang que vous voyez pour elle brûle encore,
Seigneur, quand je pourrois réparer mes forfaits,
Un feu fi violent ne s'éteindroit jamais.
Que mon fang répandu vous touche, vous défarme.

TAMERLAN.

Ah Thémir ! Ah mon fils !

SCENE VI.

TAMERLAN, THEMIR, ADANAXE,
ASTERIE, ZAIRE, AXALLA,
ODMAR, GARDES.

ASTERIE.

D'Une mortelle alarme
Seigneur... Que vois-je? O ciel!

THEMIR.

Voyez quel eſt mon ſort!
Je vous cherchois, princeſſe, & j'ai trouvé la mort.
Thémir, de ſon amour, n'a point été le maître;
Et ſi par ſes fureurs il vous l'a fait connoître,
Vous n'en devez plus craindre un outrage nouveau;
Mon amour avec moi va deſcendre au tombeau.

TAMERLAN.

Que dit-il?

THEMIR *à Tamerlan.*

C'en eſt fait... Si j'ai ſû vous déplaire,
Ne me regrettez point; mais plaignez moi, mon pere,
Laiſſez-moi me flatter, mourant à vos genoux,
Que mes derniers regards vous verront ſans courroux...
Vous vous taiſez? Seigneur.

TAMERLAN.

Mon fils, par mon ſilence
Connois mon déſeſpoir.

THEMIR.

O chere violence!

Je vous vois attendri, je péris fans regret.
Princeffe, plaignez-moi, je mourrai fatisfait.
Honorêz d'un foupir ... une vie ... abregée ...
Je meurs.

(On l'emporte.)

TAMERLAN *en s'affeyant.*

Ciel ! Il expire.

ASTERIE.

Ah ! Je fuis trop vengée.

TAMERLAN.

Oui, vous l'êtes, madame, & je ne le fuis pas.
Mais je vais l'être.

ASTERIE.

O ciel !

TAMERLAN.

Vos dangereux appas,
Vos yeux font les auteurs du malheur qui m'opprime.
Je vais les en punir, & voici la victime.

(*Appercevant Bajazet.*)

SCENE DERNIERE.

BAJAZET, TAMERLAN, ASTERIE,
ADANAXE, AXALLA, ODMAR,
GARDES *de Tamerlan & de Bajazet.*

BAJAZET.

IL eſt donc expiré ce prince audacieux ?
Dont le ciel a puni les projets odieux.

TAMERLAN.

Prêt à mourir toi-même, oſes-tu téméraire,
Inſultant à ma peine, irriter ma colere ?
Lorſque je perds mon fils, tu braves ſon vengeur ?
Songes-tu que ta mort eſt dûe à ma douleur ?
Mais en vainqueur clément, mépriſant ton injure,
Je veux bien dans mon cœur étouffer la nature.
Tu mérites d'ailleurs d'être ſacrifié ;
Je veux, en t'immolant, me voir juſtifié,
Je veux que l'univers inſtruit de ton ſupplice,
En publiant ma gloire, approuve ma juſtice.
Songe à ſubir des loix d'où dépendent tes jours.

BAJAZET.

Tamerlan, le ciel ſeul en doit régler le cours.
Réſolu que je ſuis à ſortir d'eſclavage,
Je ne dois plus ſouffrir d'en eſſuyer l'outrage.

En empereur enfin, aujourd'hui traites-moi ;
Je ne te parlerai qu'affis auprès de toi.

(Tamerlan fait figne qu'on lui donne un
fiége, & Bajazet s'affied.)

Ne crois pas que, frappé d'une fervile crainte,
J'honore Tamerlan de la plus foible plainte ;
Je trahirois l'honneur que j'acquiers aujourd'hui
D'avoir vécu captif plus généreux que lui.
Cependant de mon fort la rigueur me furmonte ;
Mais cédant aux deftins, je leur cède fans honte.
Affez j'ai fû braver leurs coups injurieux ;
Je me rens à l'attrait de mourir glorieux.
Contre moi dévoré d'une jaloufe rage,
Tu crois que par la mort tu vaincras mon courage ?
Non. J'en ai craint l'affront : j'en méprife l'horreur ;
La craindrois-je captif ? Je la bravai vainqueur.
C'eft au ciel à juger de nos droits fur l'Afie,
Tu n'en jouirois pas en m'arrachant la vie ;
Mais enfin j'ai voulu t'épargner ce forfait ;
Je t'accorde un tribut digne de Bajazet.

T A M E R L A N.

Il ne lui fuffit pas d'être mon tributaire ?
Ne te refte-t-il pas l'Afie à fatisfaire ?
Auteur cruel des maux où tu fus la plonger,
Tu dois les réparer, ou je dois les venger.
Il eft temps de finir ou d'augmenter tes peines.
Parle ; tu vas régner, ou périr dans tes chaînes,
Dois-je épargner un fang fi cruel que le tien ?
Que tout jufqu'à l'amour rend fi fatal au mien.

ADANAXE.

Ah! Seigneur...

ASTERIE.

(à Adanaxe.)

Laiffez-moi le foin de me défendre,

(à Tamerlan.)

Pour la derniere fois, feigneur, daignez m'entendre.
Vous venez d'éprouver par de fanglans effets
Ce que le jufte ciel réferve à des forfaits.
L'honneur, la gloire, tout vous porte à la clémence;
Lui préférerez-vous une injufte vengeance?
Que l'exemple du moins ait droit de vous toucher;
Apprenez ce qu'ici je ne dois plus cacher.
Je voulois votre mort; dans ce coup affermie,
Ma main devoit fur vous venger notre infamie :
Mon pere généreux, ce même Bajazet,
Qui de votre fureur eft à-préfent l'objet,
Ce héros plein de gloire, au milieu de fes chaînes,
Plein de clémence enfin, malgré nos juftes haînes,
Bajazet en un mot a retenu mes coups,
Quand les vôtres fur lui fe réuniffoient tous.
D'un trait fi généreux feroit-il la victime?
Oferiez-vous frapper un cœur fi magnanime?
Je le crains; mais fongez, avant que de l'ofer,
Cruel, que c'eft le mien qu'il vous faudra percer.

TAMERLAN.

Quoi! Bajazet vivroit! Ce tyran de l'Afie!
Et ta mort, cher Thémir, refteroit impunie?

ASTERIE.

Ah! vengez-la fur moi. Bien plus que mes appas,
Mes mépris, j'en fais gloire, ont caufé fon trépas.

Moi seule ai mérité toute votre colere.

Ne me ménagez point ; mais épargnez mon pere ;

Et s'il vous faut du sang, & que ce soit du sien,

Frappez, je vous en offre, & versez tout le mien.

Soyez-en satisfait ; le sang seul d'Astérie

Vaut assez pour venger Tamerlan & l'Asie.

Accordez-moi la mort, prononcez-en l'arrêt ;

Et pour l'exécuter, cruel, ce fer est prêt.

(*Elle tire son poignard.*)

TAMERLAN *en se levant.*

Ciel ! Que vois-je ?

ADANAXE *en arrachant le poignard d'Astérie.*

Arrêtez, trop cruelle princesse . . .

ASTERIE.

Dieux ! Quelle est donc la main . . . Quoi, ta lâche tendresse

Perfide, a-t-elle osé m'enlever le secours

Qui pouvoit terminer les plus malheureux jours ?

Digne des sentimens qu'un noble amour inspire,

Loin d'arrêter mes coups, tu devois les conduire.

BAJAZET.

Le ciel, en trahissant ton généreux transport,

Se déclare, ma fille, il ne veut point ta mort.

Prince, dont la tendresse a trompé son envie,

(*à Adanaxe.*)

Prens le soin de sa gloire ainsi que de sa vie.

Partage ses ennuis, ses malheurs, son destin ;

Pour t'en faire un devoir, je t'accorde sa main.

TAMERLAN.

Par ces nœuds Bajazet arrête la vengeance
Que je devois, madame, à votre violence;
Il ne falloit pas moins que cet illustre époux
Pour vous mettre à l'abri de mon juste courroux.

(*à Bajazet.*)

Pour l'Asie à présent remplis ma juste attente;
Et de ta liberté ma parole est garante.

ASTERIE *à Bajazet.*

Enfin, seigneur, après tant d'outrages soufferts,
Parlez, consentez donc que l'on brise vos fers.
Rendez à vos sujets leur pere dans leur maître;
Montrez-leur un héros ...

BAJAZET.

Sans regner on peut l'être.
Mais, ma fille, bien-tôt tout l'empire Ottoman
Va reconnoître, en moi, son plus digne Sultan;
Puisque dans ce grand jour, délivré de ma chaîne,
Je vais remplir ...

ASTERIE.

Seigneur, étouffez votre haine.

BAJAZET.

Oui, je vais l'étouffer : ma fille, approche-toi.
Viens, viens que je t'embrasse. O sang digne de moi!
J'ai mis tes tristes jours à l'abri de l'outrage;
Tu vas y voir les miens, rappelle ton courage.
Ma mort est le tribut que je t'ai destiné.
Tamerlan, de ma main, je meurs empoisonné.

ASTERIE.

Qu'entens-je ? O ciel !

BAJAZET.

J'expire . . . . O ma chere Astérie!

(On l'emporte.)

ASTERIE.

(à Tamerlan.)

Tyran, voilà l'effet de votre barbarie!
O mon pere ! Faut-il que par vos propres coups,
Je perde la douceur de mourir avant vous ;
Et que j'éprouve encore l'horreur de vous survivre :

(à Adanaxe.)

Envain tu m'as privé du bonheur de le suivre ;
Ma mort va t'arracher tous tes droits sur mon cœur ;
Pour mourir, il suffit du poids de ma douleur.
O mort ! Viens, hâte toi, viens finir ma misere . . .
Zaïre, allons l'attendre au tombeau de mon pere.

(Elle sort.)

ADANAXE.

Si vous ne l'arrachez à l'horreur de son sort,
Seigneur, venez nous voir réunis par la mort.

(Il sort.)

TAMERLAN.

Odmar, veillez sur lui ; secourez la princesse.

(Odmar sort.)

Mais moi-même, Axalla, quelle douleur me presse ?
Victime des transports d'un amour furieux,
Je vois mon propre fils expirer à mes yeux.
Voilà des passions la suite déplorable,
On s'y livre innocent, & l'on périt coupable.
Etouffons, s'il se peut, des regrets superflus,
Mon fils meurt ; mais enfin Bajazet ne vit plus.

Malgré le défefpoir dont mon ame eft atteinte ;
Je fens, par fon trépas que ma haine eft éteinte :
A fa perte Aftérie immoleroit fes jours,
Qu'une digne pitié m'entraîne à fon fecours.
A force de bontés défarmons fa colere ;
Qu'une illuftre ennemie en moi retrouve un pere.
Le fort nous fait gémir fous les mêmes malheurs ;
.A fes juftes regrets allons mêler nos pleurs.

Fin du cinquiéme acte.

BAJAZET PREMIER.

TRAGÉDIE.

A C T E U R S.

TAMERLAN, Empereur des
  Tartares.   *Mr. le Grand.*

BAJAZET PREMIER, Empe-
  reur des Turcs, fait prifonnier
  par Tamerlan.   *Mr. Sarrazin.*

ASTE'RIE, Fille de Bazajet.   *Mlle. Dumefnil.*

ANDRONIC, Fils d'Emanuël,
  Empereur de Grece.   *Mr. Grandval.*

ODMAR, Officier de Tamerlan. *M. de la Torilliére.*

ZAIDE, Confidente d'Aftérie.   *Mlle. Jouvenot,*

ARCAS, Confident d'Andronic. *Mr. Fierville.*

GARDES.

*La Scene eft à Samarcande dans le Palais de
  Tamerlan.*

BAJAZET PREMIER.

TRAGÉDIE.

ACTE PREMIER.
SCENE PREMIERE.

BAJAZET, ODMAR, GARDES.

ODMAR.

'EST ici que bien-tôt l'Empereur doit se
rendre.
Il vous ordonne....

BAJAZET.

Allez ; il pourra me l'apprendre,

SCENE II.

BAJAZET, GARDES.

BAJAZET.

Tamerlan veut me voir! Quel objet odieux!
Quel spectacle! Un Vainqueur va s'offrir à mes yeux.
Un Vainqueur! Bajazet en devoit-il connoître?
Je suis Esclave enfin, & je vais voir mon Maître.
Ciel! Ai-je mérité ton éternel courroux?
Et veux-tu sur moi seul rassembler tous tes coups?
Mon bras victorieux plus craint que le Tonnerre,
Chez vingt Peuples divers avoit porté la Guerre,
Et du bruit de mon Nom l'Univers étonné,
A l'asservir entier me croïoit destiné :
Je le pensois moi-même. O Tombeau de ma gloire!
O jour, où je me vis arracher la Victoire!
Abandonné, trahi par de lâches Soldats,
Il ne me restoit plus que mon cœur & mon bras;
Sans le Sort qui m'accable, ils suffisoient peut-être.
Qui fut toûjours Vainqueur, croit devoir toûjours l'être.
Vain espoir! Vains efforts! Par quels affreux revers,
Du faîte des Grandeurs je tombai dans les fers!
Misérable joüet des fureurs du Tartare,
Je n'ose prévenir les maux qu'il me prépare.

Des Enfans malheureux, dont j'ignore le fort,
Que le Cruel peut-être a livrés à la mort,
Sont le trifte lien qui m'attache à la vie.
Je crains fur tout, je crains pour la jeune Aftérie :
Et peut-être déja l'audace d'un Tiran. . . .
Mais le voici lui-même.

SCENE III.

BAJAZET, TAMERLAN, ODMAR, GARDES.

BAJAZET.

Approche, Tamerlan ;
Quel fujet dans ce lieu demande ma prefence ?
Pourquoi m'offrir encor l'Ennemi qui m'offenfe !
Renfermé fi long-temps dans une obfcure Tour,
Pour quel affront nouveau revois-je enfin le jour ?
J'ignore ton deffein. Parle. Mais tu dois croire
Que jufques dans les fers j'aurai foin de ma gloire.

TAMERLAN.

Je ne condamne point ces nobles fentimens,
Mais de ton cœur trop fier régle les mouvemens.
Ton fort eft dans tes mains. Tu peux brifer ta chaîne.
Je n'apporte en ces lieux ni vengeance, ni haine.

A iij

Je fçai que la Fortune a trahi ta valeur,
J'eftime ton courage, & je plains ton malheur.

BAJAZET.

Je ne mérite pas que l'on daigne me plaindre.
Ta bonté me furprend. Ceffe de te contraindre.
Je démêle aifément de femblables détours;
Et c'eft perdre le temps en frivoles difcours.

TAMERLAN.

Eh bien, rends grace au Ciel qui te deviens propice:
Il veut de ton Deftin réparer le caprice,
Te replacer au Trône; & tu peux, aujourd'hui,
Embraffer ton Vainqueur, & t'égaler à lui.
Il eft un fûr moyen de finir ta difgrace,
Soïons amis.

BAJAZET.

Qu'entends-je? Et quelle eft ton audace?
Apprends à me connoître. Une indigne prifon,
Auroit-elle à ce point égaré ma raifon?
Moi, ton Ami? Ce nom....

TAMERLAN.

Ce nom feroit ta gloire.
As-tu donc dans mes fers oublié ma victoire?
Trop heureux de pouvoir obtenir ma pitié,
Ofes-tu refufer jufqu'à mon amitié?

BAJAZET.

Ofes-tu me l'offrir? L'orgueil de ma naiffance,
Ne voit point entre nous d'odieufe diftance.
Les hommes font égaux quand ils font vertueux.
Mais un Trône élevé par des crimes heureux....

TAMERLAN.

Qui te retient ? Pourſuis un diſcours qui me brave.

J'ai puni l'Ennemi, je pardonne à l'Eſclave.

Tu devrois cependant avec moins de fierté,

Entendre en ta faveur ce que j'ai projetté.

Quels que ſoient mes deſſeins, je puis agir en Maître :

Je le ſuis de ton ſort ; je veux ceſſer de l'être.

~~Mérite les bontés d'un vainqueur généreux,~~

Et ne t'obſtine point à vivre malheureux.

BAJAZET.

Quittons ces vains diſcours. Que voulois-tu m'apprendre ?

Déclare tes deſſeins, ſi je puis les entendre.

TAMERLAN.

Moi, puis-je te compter au rang de mes amis ?

Répons toi-même enfin ; car ce n'eſt qu'à ce prix....

BAJAZET.

A ce prix ? C'eſt aſſez. Je n'ai rien à répondre.

TAMERLAN.

Téméraire Captif, je ſçaurai te confondre.

Par un farouche orgueil tu crois te ſignaler :

Mais je ſçai les moyens de te faire trembler.

Tu connoîtras bien-tôt....

BAJAZET.

Ordonne qu'on prépare

Ce que peut inventer la rage d'un Tartare ;

Sous l'horreur des tourmens eſſaie à m'accabler.

Ai-je bien entendu ? Tu me feras trembler !

Un vil chef de Brigands oſe pouſſer l'outrage,

Juſques à me tenir un ſemblable langage ?

A iiij

Le fort de Bajazet (Ciel ! & tu l'as permis !)
Eft donc entre les mains de pareils Ennemis ?
Je ne t'écoute plus. S'il faut ceffer de vivre,
Affemble tes Bourreaux ; je fuis prêt à les fuivre.

TAMERLAN.

Gardes , qu'on le remene.

SCENE IV.

TAMERLAN, ODMAR, GARDES.

TAMERLAN.

OU me vois-je réduit ?
Ah ! qu'ai-je fait, Odmar, & quel en eft le fruit ?
Mais j'ai dû le prévoir, Bajazet infléxible
A l'offre du pardon ne peut être fenfible.
C'eft un nouvel affront à fes yeux irrités.
On hait d'un Ennemi jufques à fes bontés.
Tu n'as pas oublié la fanglante journée
Qui foûmit à mes Loix fa fiere deftinée.
Je comptois le laiffer Prifonnier fur fa foi.
De quel air menaçant il parut devant moi !
D'un Camp, où mille cris publioient ma Victoire,
Il voulut fe former un théâtre à fa gloire.
Un invincible orgueil animoit fes difcours :
De fes profperités il rappella le cours ;

Et bravant ma rigueur, qu'il rendit neceſſaire,
Il contraignit enfin ma clémence à ſe taire ;
Du plus ardent courroux on me crut enflammé.
J'ordonnai qu'en ces lieux il ſeroit renfermé,
Axalle fut chargé du ſoin de l'y conduire,
Long-temps de ſon deſtin je craignis de m'inſtruire.
Hélas ! livré dèslors à de ſecrets ennuis,
Je preſſentois les maux qu'il m'a cauſé depuis.

ODMAR.

Lui, Seigneur ? Eh, que peut un Captif miſérable,
Gémiſſant ſous le poids dont votre main l'accable ?
Vous offenſerez-vous d'une vaine fierté,
D'un orgueil indiſcret qu'il a trop écouté,
Lorſque maître abſolu de toute ſa famille ?...

TAMERLAN.

Pourquoi dans Samarcande ai-je arrêté ſa fille ?
C'eſt elle ſeule, ami, que je doi redouter.

ODMAR.

Quel trouble dans ces lieux pourroit-elle exciter ?
Son cœur tout occupé d'un ſouvenir funeſte,
Laiſſe à peine échapper une plainte modeſte.
Tremblante pour les jours d'un Pere malheureux,
L'ardeur de le venger n'entre point dans ſes vœux.

TAMERLAN.

Tu le crois ? Cependant ſa jeuneſſe, ſes charmes,
Sa douleur même, Odmar, tout lui prête des armes.
Quel œil, en la voiant, ne ſe plaît à la voir ?
L'Amour maître d'un cœur, en chaſſe le devoir.

On ne reconnoît plus ni respect, ni contrainte,
On brave le péril, on le cherche sans crainte.
Forcée à disparoître après de vains efforts,
La vertu veut en vain exciter les remords,
Un cœur se livre entier au penchant qui l'entraîne ;
Les nœuds les plus sacrés, il les brise sans peine ;
De l'amitié, du sang, il étouffe la voix ;
L'Amour enfin, l'Amour ne connoît point de loix.

ODMAR.

Seigneur !

TAMERLAN.

Il faut ici te découvrir mon ame.
Je soupçonne, je crains une secrette flâme.

ODMAR.

Ah ! d'un Sang malheureux, proscrit dans ce séjour,
Qui voudroit seconder la vengeance, ou l'amour ?

TAMERLAN.

Que tu pénetres mal le chagrin qui me presse !
Apprens tout. Je rougis d'avouer ma foiblesse :
Mais cesse d'applaudir à ma fausse vertu.
Connois les soins honteux dont je suis combattu
Si le fier Bajazet a bravé ma colere,
S'il demeure impuni.... sa fille a sçû me plaire :
Et trop digne en effet de mon inimitié,
C'est l'Amour qui le sauve, & non pas la pitié.
Tu ne t'attendois pas à cet aveu funeste :
Mais ne va point blâmer des feux que je déteste.
De ce fatal amour plus fort que ma raison,
J'ai combattu long-temps l'invincible poison.

Pour arracher mon cœur au penchant qui l'attire,
Je me suis dit cent fois tout ce qu'on peut me dire.
J'ai fui mon ennemie. Hélas ! loin de ses yeux,
L'Amour qui me poursuit, ne triomphoit que mieux ;
Et me l'offrant sans cesse avec de nouveaux charmes,
Le cruel, contre moi tournoit mes propres armes.
L'affreuse jalousie agissant à son tour,
Me fit précipiter, & cacher mon retour.
J'arrive ; & dans l'instant volant chez Astérie....
Quelle fut ma douleur, ou plûtôt ma furie !
Je surpris des discours qui sembloient m'annoncer,
Qu'un Rival plus heureux l'aime sans l'offenser.

ODMAR.

Que dîtes-vous, Seigneur ?

TAMERLAN.

Honteux de ma foiblesse,
Je voulus m'affranchir d'une indigne tendresse.
Tout sembla succeder à mes nouveaux desirs.
Mon cœur moins agité retenoit ses soûpirs ;
Et presque indifferent en voyant ma Captive,
J'espérois rappeller ma raison fugitive.
Quelle erreur réveillant mes sentimens jaloux,
Au flambeau de la haine alluma mon courroux !
D'un charme séducteur croyant mieux me défendre,
Contre un objet aimé, j'osai tout entreprendre.
Du superbe Ottoman j'augmentai les malheurs :
Astérie en frémit, & fit parler ses pleurs.
On m'y crut insensible ; & le pensant moi-même,
J'applaudis en secret à ma rigueur extrême.

C'eft ainfi qu'effayant d'inutiles efforts,

De l'Amour déguifé je fuivois les tranfports.

Mes yeux fe font ouverts ; & j'ai lû dans mon ame

Le triomphe certain d'une funefte flâme.

D'un chimérique efpoir mon cœur défabufé,

A remplir fes deftins s'eft enfin difpofé.

Mais toujours un rival préfent à ma mémoire,

Sembloit avec mes feux intéreffer ma gloire.

Pour rompre fes projets, pour affurer les miens,

J'ai voulu que l'hymen me prêtât fes liens.

ODMAR.

D'un vaincu, d'un captif, la fille infortunée !

TAMERLAN.

Oui ,, j'allois à fon fort unir ma deftinée,

Si ce même Captif, démentant fa fierté,

Eût pû donner un frein à fa témerité.

J'avois exprès mandé cet ennemi farouche ;

J'allois me découvrir : il m'a fermé la bouche ;

Et fes emportemens, que je devrois punir,

M'ont fait d'un foin plus doux perdre le fouvenir.

Que faire cependant ? Haine, Dépit, Vengeance,

Amour, pour m'accabler, tout eft d'intelligence.

Bajazet ! .... Aftérie ! .... O vœux irréfolus !

O trouble affreux d'un cœur qui ne fe connoît plus !

ODMAR.

Je l'avoûrai, Seigneur, on ne peut que vous plaindre ;

Mais, parmi tant de maux, il vous en refte à craindre ;

Car ne vous flattez pas ; je connois Bajazet :

Qu'il n'apprenne jamais ce funefte fecret,

Du moins, (& c'eſt aſſez que l'amour vous ſurmonte;)
D'un refus trop ſenſible épargnez-vous la honte.

TAMERLAN.

Ah ! Si juſqu'à ce point il oſoit m'irriter !

ODMAR.

Qui mépriſe la mort, n'a rien à redouter.
D'ailleurs, que produiroit une aveugle furie?
Pourriez-vous immoler le pere d'Aſtérie ?
Penſez-vous que ſon ſang, par vos mains répandu,
Vous rendroit le repos que vous avez perdu ?
Il eſt, Seigneur, il eſt une plus noble voye.
L'Amour triomphe : oſez lui diſputer ſa proïe.
Pour briſer les liens que ſa main a formés,
Eloignez de vos yeux ce qui les a charmés.
Andronic va bien-tôt retourner dans la Grece;
Confiez-lui le ſoin d'y mener la Princeſſe.

TAMERLAN.

Andronic ! Triſte objet d'un éternel courroux,
Qui, contre Bajazet a conduit tous mes coups ;
Lui, qu'elle ne peut voir ſans répandre des larmes;
Lui, qui vint implorer le ſecours de mes armes,
Quand ſon Pére, déja vaincu par Bajazet,
Alloit, ſans mon appui, devenir ſon ſujet!
Non; ne lui faiſons point cette nouvelle offenſe.
Mais, que vois-je! Grand Dieu! C'eſt elle qui s'avance.

SCENE V.

TAMERLAN, ASTE'RIE, ODMAR, GARDES.

ASTE'RIE.

EH bien, Seigneur ! mon pere a paru devant vous ;
Ne peut-il infpirer des Sentimens plus doux ?
Accablé fous le poids d'une honteufe chaîne,
Dans le fein du malheur eft-il digne de haine ?
Et lorfqu'après fix mois vous voulez lui parler,
Ne voyez-vous fes maux, que pour les redoubler ?

TAMERLAN.

Non, Madame ; à regret je vois couler vos larmes.
Ce jour alloit finir de trop longues allarmes,
Bajazet, de fon fort arbitre déformais,
Sortoit de fa prifon pour n'y rentrer jamais ;
Il remontoit au Trône : Enfin ce jour, peut-être,
De mon propre deftin l'auroit rendu le maître.
Pour fléchir fon orgueil, que n'ai-je point tenté ?
Il brave également ma haine, & ma bonté.
Qu'il jouiffe à loifir des fruits de fon audace !
Le moment eft paffé pour obtenir fa grace:
S'il porte encor des fers que j'ai voulu brifer,
Ce n'eft pas moi, c'eft lui qu'il en faut accufer.

ASTE'RIE.

Ah! Seigneur, s'il est vrai que plaignant ma misere,
Vous songiez en effet à me rendre mon Pere,
La fierté d'un Captif vous doit-elle émouvoir?
Ne pardonne-t-on rien à l'affreux désespoir?
Avez-vous oublié sa fortune premiére?
Il voïoit sous ses loix la Terre presque entiére.
Vous seul, interrompant le cours de ses destins,
Fîtes un malheureux du plus grand des Humains.
Quel revers! Les horreurs d'un indigne esclavage
De Bajazet vaincu, devinrent le partage.
Il parle en maître encor, lorsqu'il faut obéir :
Mais enfin un grand cœur ne sçait point se trahir.
Hélas! J'avois pensé qu'Ennemi magnanime,
Vous-même approuveriez la vertu qui l'anime;
J'ai crû que, repentant d'une injuste rigueur,
Vous alliez nous montrer un généreux Vainqueur;
J'attendois en ce jour le terme de ma peine;
Et ce jour plus fatal ajoûte à votre haine.

TAMERLAN.

Je n'ai point mérité ces reproches honteux;
Votre pere, lui seul, a trompé tous nos vœux:
Mais, quand vous gémissez du malheur qui l'accable,
D'un pareil sentiment le croyez-vous capable?
Privé depuis six mois du plaisir de vous voir,
Devoit-il méprifer ce favorable espoir?
Le foin de m'outrager remplit toute son ame;
Il veut se perdre; Eh bien, il périra, Madame;

L'arrêt est prononcé.

ASTE'RIE.

Nous périrons tous deux,
Seigneur ; vous unirez deux captifs malheureux.
Oui, puisque ma douleur vous éprouve infléxible,
Je sçaurai m'affranchir de ce spectacle horrible.
Mon Pere, en expirant, marchera sur mes pas ;
Et je vais lui fraïer les routes du trépas.

TAMERLAN *ému.*

Madame ! . . . .

ASTE'RIE.

Eh bien, Seigneur, jouiffez de mes larmes ;
Le défefpoir pour vous a-t-il donc tant de charmes ?
Fille de Bajazet ! je tombe à vos genoux ;
Et je ne puis encore ! . . . .

TAMERLAN.

Ah ! Que demandez-vous ?

ASTE'RIE.

Seigneur ! . . . .

TAMERLAN.

Vous le voulez ; il faut vous satisfaire,
Que lui-même aujourd'hui ne nous soit plus contraire
Tentez sur son esprit ce que peut votre amour ;
Vous sçaurez mes desseins avant la fin du jour.
            (*à ses Gardes.*)
Vous, Bajazet est libre ; allez ; il peut paroître.
            (*à Aftérie.*)
Que je sois son ami ; je n'aspire qu'à l'être.

SCENE VI.

SCENE VI.

TAMERLAN, ODMAR, GARDES.

ODMAR.

QUE faites-vous, Seigneur? Dans quel abîme affreux
Bajazet! ....

TAMERLAN.

Je t'entens : mais enfin je le veux.
Dût sa haine toujours être plus obstinée ;
Le sort en est jetté , ma parole est donnée.
Va le chercher : Ecoute, un second entretien
Ne feroit qu'irriter son esprit & le mien.
Il vaut mieux par ta voix lui déclarer ma flâme :
Tu connois mes desseins ; découvre lui mon ame ;
Tandis que, pour sçavoir l'effet de tes discours,
Je m'en vais d'Andronic emploïer le secours :
Peut-être qu'avec lui Bajazet moins farouche
Daignera s'expliquer sur tout ce qui me touche.

Fin du premier Acte.

B

ACTE II.

SCENE PREMIERE.

ASTE'RIE, ZAIDE.

ZAIDE.

MADAME, eſt-il donc vrai ? Le Tyran déſarmé
D'une aveugle fureur n'eſt-il plus animé ?
On dit que libre enfin Bajazet doit paroître.

ASTE'RIE.

Oui, Zaïde ; en effet, tu vas revoir ton maître.
Hélas !

ZAIDE.

Vous ſoupirez ! Vos malheurs vont finir.
Faut-il en conſerver l'éternel ſouvenir ?
Quand du Ciel appaiſé la bonté ſe déploye,
N'oſez-vous un moment vous livrer à la joye ?

N'avons-nous point affez éprouvé fon courroux?
Dédaigner fes préfens, c'eft mériter fes coups.

ASTE'RIE.

Tes yeux font éblouis par des images vaines :
Tu crois que Tamerlan veut terminer nos peines !
Quels que foient fes deffeins, qu'on ne peut preffentir,
Crois-tu que Bajazet y veuille confentir?
Aigri par fon malheur, une vertu farouche
Le rend trop infenfible à tout ce qui le touche.
Je ne me flatte point : Deux fois, ce même jour
A vû mon Pere, efclave & libre tour-à-tour.
Ce calme d'un moment groffira la tempête ;
Les nuages déja s'affemblent fur ma tête ;
La foudre va tomber ; & ce jour malheureux
Doit mettre enfin le comble à mes deftins affreux.

ZAIDE.

Pourquoi vous occuper de ces vaines allarmes ?
Faut-il que chaque inftant foit marqué par vos larmes ?
Bajazet va fortir ; & prête à le revoir,
D'un bonheur affuré vous refufez l'efpoir !

ASTE'RIE.

Eh ! Que vas-tu penfer, fi même fa préfence ....
Chére Zaïde, hélas ! approuve mon filence.

ZAIDE.

Quoi ! Vous craignez d'ouvrir votre cœur devant moi ?

ASTE'RIE.

Zaïde, mes revers ont éprouvé ta foi :
Tu n'es que trop fenfible au malheur qui m'opprime ;
Mais ne me force point à déclarer mon crime ;

B ij

Epargne à ma fiérté de femblables aveux.

ZAIDE.

Jufte Ciel! .... Aimez-vous? Ah! parlez.

ASTE'RIE.

Tu le veux;

Je n'y réfifte plus; tu feras fatisfaite:
Mais peux-tu bien encore ignorer ma défaite?
Ai-je pû fi long-temps déguifer mes ennuis?
Méconnoît-t'on l'amour à l'état où je fuis?
Eh bien; apprens enfin ce qui me défefpére:
L'objet de tous mes vœux eft l'ennemi d'un Pere

ZAIDE.

Qu'entens-je? Tamerlan!

ASTE'RIE.

Ah! Qu'ofes-tu penfer?

Ce barbare Vainqueur ne fçait que m'offenfer.
Non, non; ce n'eft point lui qui me rendra coupable....
Plût au Ciel qu'Andronic ne fût pas plus aimable.

ZAIDE.

Vous aimez Andronic?

ASTE'RIE.

Les pleurs que j'ai verfés,

Mon trouble, ma rougeur le découvrent affez.
Je fçai que tout condamne une aveugle tendreffe,
Qu'Andronic eft le fils de l'Empereur de Gréce,
Que fon pere a caufé la difgrace du mien;
Mais l'amour m'a réduite à n'examiner rien.
Ou plûtôt, cet amour s'emparant de mon ame,
N'y fit naître d'abord qu'une innocente flâme.

Au camp de Bajazet Andronic député,
Le trouve inacceſſible aux offres d'un Traité.
Burſe déja renduë, & la Gréce en allarmes,
Offroient un champ trop vaſte au progrès de nos armes.
Andronic cependant fut conduit devant moi:
Le ſort, qui de l'Amour nous a fait une Loi,
A marqué de tout temps le moment redoutable
De notre indifférence écueil inévitable.
Malgré l'orgueil jaloux, on eſt forcé d'aimer,
Dès que l'on voit l'objet qui doit nous enflammer.
Cruelle vérité qui nous fut trop connue !
Andronic ſe troubla ; je pâlis à ſa vûe.
Nous pouſſions des ſoupirs ; nous n'oſions nous parler ;
Nos yeux ſe rempliſſoient de pleurs prêts à couler.
Il rompit le premier ce ſilence funeſte . . . .
Que te dirai-je enfin ? Tu pénétres le reſte.
Ma fierté s'oublia dans ce triſte entretien,
Et je payai ſon cœur de la perte du mien.
O, comble de nos maux ! Tamerlan ſe déclare.
Emanuel bien-tôt eſt joint par le Tartare.
Mon pere abandonné tombe aux mains du Vainqueur ;
Je crûs que ce revers m'alloit rendre mon cœur.
Andronic ne s'offroit à ma triſte penſée,
Que comme un ennemi qui m'avoit offenſée.
Je n'écoutois alors que mes reſſentimens :
L'Amour n'oſa parler dans ces premiers momens.
Mais, hélas ! Andronic arrive ſur mes traces ;
Je voi ſon déſeſpoir partager mes diſgraces ;

Il me cherche, il me fuit; & mes vœux incertains
Me découvrent des feux que je croïois éteints.

ZAIDE.

Ah! devez-vous nourrir une funeſte flâme ?
L'Amour eſt-il donc fait pour captiver votre ame ?

ASTE'RIE.

Ne crains rien; je rendrai ſes efforts ſuperflus ;
Et ſur moi l'honneur ſeul a des droits abſolus :
Ce n'eſt point un Tyran, Zaïde ; c'eſt un maître,
Mais qui veut pour ſujets des cœurs dignes de l'être.
Oui, je ſerai toujours attentive à ſa voix :
Tu me verras mourir ou vivre ſous ſes loix.
Non, mon pere ; ta fille aux malheurs condamnée,
Ne trahira jamais le ſang dont elle eſt née.
Tu ne rougiras point de mes embraſſemens.
Mais qui peut retarder ces fortunés momens ?
Zaïde, il ne vient point ! Quel obſtacle l'arrête ?
Quoi, j'ai pû conſerver une ſi chere tête !
J'ai fait tomber du moins ſes indignes liens :
Je le verrai, mes bras ſe perdront dans les ſiens.
Quelqu'un vient. Je me trouble ; & mon ame attendrie.
Zaïde, c'eſt lui-même.

(*Elle court ſe jetter aux pieds de Bajazet.*)

SCENE II.

BAJAZET, ASTÉRIE, ZAIDE.

BAJAZET *relevant Aftérie.*

O, Ma chere Aftérie!

ASTÉRIE.

O, mon pere!

BAJAZET.

Ah! ma fille; eft-ce vous? Dans quels lieux,
Dans quel état le fort vous préfente à mes yeux!
Grand Dieu! Si mon malheur t'a paru légitime,
Devoit-elle fubir la peine de mon crime?
J'ai caufé votre perte : Ah, mortelles douleurs!
Et l'auteur de vos jours, l'eft de tous vos malheurs.
Vous vous attendriffez! Je voi couler vos larmes!

ASTÉRIE.

Seigneur, de ce moment ne troublez point les charmes.
Vous plaignez mes malheurs! Il n'en eft plus pour moi.
Tous mes vœux font remplis, puifque je vous revoi.
Ciel! dont j'ai fi long-temps accufé la colere,
Oui, tout eft réparé ; tu m'as rendu mon pere.

BAJAZET.

Il ne vit que pour vous. Ce Ciel m'en eft témoin ;
Le fort de mes enfans fait mon unique foin.

B iiij

Un si grand intérêt a prolongé ma vie.
Ah! Si leur liberté n'eût pas été ravie,
Le trépas prévenant la honte de mes fers,
M'eût sauvé cet affront aux yeux de l'Univers.
Ne reste-t-il que vous de toute ma famille?
Qu'a-t-on fait de mes fils? Instruisez-moi, ma fille.

ASTE'RIE.

Mes freres ne pourront adoucir vos ennuis.

BAJAZET.

Ils font morts!

ASTE'RIE.

Non, Seigneur : Dans la Gréce conduits,
On les a réservés pour un autre esclavage;
D'Emanuel vainqueur, ils furent le partage.
Ce Palais, jusquici, m'a servi de prison.

BAJAZET.

Voilà donc le destin d'une illustre Maison!
Mais, ma fille, ces traits de l'aveugle fortune,
Ne peuvent ébranler qu'une vertu commune.
Un grand cœur doit toujours, dans ces extrémités,
Méprifer des revers qu'il n'a pas mérités;
Et quelque soit enfin le fort qui nous accable,
On n'est point malheureux quand on n'est point coupable.
Je me pouvois fans doute épargner ce difcours :
Vous n'avez pas besoin d'un semblable secours.
Prévenant les conseils d'un pere qui vous aime,
Le fang qui vous forma fe fuffit à lui-même.
Laiffons à la fortune épuiser son courroux;
Vous fçaurez bien encor parer fes derniers coups.

ASTE'RIE.

De quel autre malheur fuis-je donc menacée?

BAJAZET.

Tamerlan à déja déclaré fa penfée.

ASTE'RIE.

Tamerlan? Quoi, Seigneur; pourroit-il s'oublier?....

BAJAZET.

Oui, ma fille, à fon fort il prétend vous lier.
Cet infâme Brigand élevé par le crime,
Ofera vous offrir un fceptre illégitime :
C'eft pour vous que fon choix fe déclare aujourd'hui.

ASTE'RIE.

Je choifirai la mort plûtôt que d'être à lui.
Mais peut-être, Seigneur, qu'un récit infidelle,
Vous a de ce projet annoncé la nouvelle,
Il feroit parvenu fans doute jufqu'à moi.

BAJAZET.

Il n'eft que trop certain. Croïez-en mon effroi.
A peine renfermé par l'ordre de leur Maître,
J'entends du bruit; on ouvre; Odmar fe fait connoître.
» Vous êtes libre encor, dit-il; ménagez mieux
» De votre liberté les inftans précieux.
» N'écoutez plus enfin une aveugle furie.
» L'Empereur vous permet de revoir Aftérie.
» Méritez fes bontés. Il daigne l'époufer,
» Andronic eft chargé de vous y difpofer.
Pour la premiére fois, mon ame intimidée,
A frémi, je l'avouë, à cette horrible idée,
Tamerlan votre Epoux!

ASTE'RIE.

Vous ne le craignez pas,
Seigneur! je puis braver de pareils attentats.
Voilà donc les fecrets dont on devoit m'inftruire!
Qu'une ame généreufe eft facile à féduire!
Tantôt, de fes difcours perçant l'obfcurité,
J'ai dû voir, & j'ai vû l'affreufe vérité.
Mais croïant que fon cœur devenoit magnanime,
Ma vertu n'ofoit plus le foupçonner d'un crime.
Et fur quel fondement a-t'-il pris cet efpoir?
Tiran! mon cœur du moins eft hors de ton pouvoir.
Que ton indigne amour cherche quelqu'autre proïe...

BAJAZET.

Ma fille, c'eft affez; vous me comblez de joïe.
On vient. C'eft Andronic qui porte ici fes pas.

ASTE'RIE, *à part.*

Le Perfide!

SCENE III.

ANDRONIC, BAJAZET, ASTE'RIE,
ZAIDE, ARCAS.

ANDRONIC.

Seigneur, ne vous offenfez pas,

Si j'ofe en ce moment vous rendre mon hommage,
Vous fçavez diftinguer le refpect de l'outrage.
Mais n'ai-je point troublé votre entretien fecret?
Vous me voïez peut-être avec quelque regret?
Pardonnez. J'ignorois que déja la Princeffe
Recueilloit en ce lieu les fruits de fa tendreffe.
Depuis que Tamerlan la retient fous fes Loix,
Elle m'entend ici pour la premiére fois.
Indigné de la voir captive, abandonnée,
J'ai fouvent accufé l'aveugle deftinée;
Mais j'ai toûjours pris foin de m'éloigner des lieux,
Où mille objets cruels bleffoient déja fes yeux.
Combien j'ai détefté la fatale Victoire,
Qui combla vos malheurs, en nous couvrant de gloire!
Avec quel defefpoir ai-je vû dans les fers,
Un Sang qui fembloit né pour régir l'Univers!
Que n'ai-je pû, Seigneur, vous être moins contraire!

BAJAZET.

Prince, vous avez fait ce que vous deviez faire,
De la Gréce, en vos mains, l'Empire étoit remis:
Vous avez combattu contre fes Ennemis:
Ma valeur inutile a cedé fous le nombre,
De tout ce que j'étois, je ne fuis plus que l'ombre.
Triomphant autrefois, aujourd'hui défarmé,
Dans une Tour obfcure on me tient renfermé.
Le fort m'a fait tomber du rang le plus augufte;
Mais ce crime du fort ne me rend point injufte.
Je connois vos vertus; & je ne puis penfer
Qu'un Prince que j'eftime ait voulu m'offenfer.

De la part du Tiran on m'avoit fait entendre....

ANDRONIC.

Oui, Seigneur, il aspire à se voir votre Gendre.
Je n'ai pû refuser à ses empressemens,
De venir m'informer quels sont vos sentimens.

BAJAZET.

Et quels soupçonnez-vous, Prince, qu'ils doivent être?

ANDRONIC.

Il ne m'appartient pas de vouloir les connoître.
Votre sort en dépend : & cependant je crains,
Que vous n'approuviez pas de semblables desseins.

BAJAZET.

Les approuver? Qui, moi! que trahissant ma gloire,
D'un opprobre éternel je charge ma mémoire?
Non, non; je n'irai point, vil joüet des revers,
Associer mon sang à cent crimes divers.
Eh! que penseriez-vous, si le soin de ma vie,
Avoit pû m'abaisser à cette ignominie?
Prince, quelques malheurs dont je sois menacé,
Vous rougiriez pour moi, si j'avois balancé.

ANDRONIC.

Mais songez qu'un refus....

BAJAZET.

Je n'ai plus rien à dire.

Allons, ma fille.

SCENE IV.

ANDRONIC, ARCAS.

ANDRONIC.

O Ciel! contre moi tout conspire.
De quel indigne emploi m'étois-je donc chargé?
Quel surcroît de tourmens pour mon cœur affligé!
Tamerlan me choisit pour seconder sa flâme!
Le Cruel!

ARCAS.

Quel transport s'empare de votre ame?
D'où peut naître soudain?....

ANDRONIC.

A ce trouble fatal.
Arcas, de Tamerlan, reconnois le Rival.

ARCAS.

Seigneur!...

ANDRONIC.

Il n'est plus temps de t'en faire un mistère;
Je brûlois pour la Fille en combattant le Pere.
Je n'ai point oublié, ni le lieu, ni le jour,
Le Camp de Bajazet vit naître mon amour.
Il fallut m'éloigner. Bajazet, Astérie,
Eprouvent des destins toute la barbarie.

On les traîne en ces lieux. J'y vole fur leurs pas,
Témoin de mes tranfports, tu ne les connus pas.
Non, je ne cherchois point, efclave de la haine,
Le plaifir inhumain de jouir de leur peine :
Mon cœur ne connoît point ces mouvemens honteux ;
Eh ! l'on doit bien au moins plaindre les malheureux !
Un fentiment plus vif, Arcas, je le confeffe,
M'intereffoit au fort d'une jeune Princeffe ;
Et l'amour, indigné de voir couler fes pleurs,
M'infpira le deffein de finir leurs malheurs.

ARCAS.

Quoi ! Voulez-vous, Seigneur, vous charger de leur fuite ?

ANDRONIC.

Oui, fi l'on daigne, Arcas, m'en laiffer la conduite,
Je veux tout hazarder. Hélas ! malgré mes foins,
Je n'ai pû jufqu'ici lui parler fans témoins.
D'odieux furveillans fans ceffe environnée,
Elle ignore à quel point je plains fa deftinée.
Mais pourquoi m'occuper de ce vain fouvenir !
Oublions le paffé ; fongeons à l'avenir.
Si je dois renoncer à l'aimable Aftérie,
Défendons-là du moins d'un Vainqueur en furie ;
Qu'elle-même, à fon gré, difpofe de fon fort ;
Protégeons fa vertu contre un coupable effort ;
Que le fier Tamerlan apprenne à nous connoître,

ARCAS.

Avez-vous bien penfé qu'il eft ici le Maître,

Que vous allez vous perdre, au lieu de la sauver?

ANDRONIC.

Quelque soit ce péril, il faudra l'éprouver.

ARCAS.

Quel fruit espérez-vous d'une tendresse vaine?

ANDRONIC.

Quoi! veux-tu la livrer à l'objet de sa haine?

ARCAS.

Mais vous-même, Seigneur, pouvez-vous vous flatter?...

ANDRONIC.

Ne pouvant l'obtenir, je veux la mériter,
Le dessein est formé ; rien ne m'en peut distraire.
Aux loix de son Tiran je prétends la soustraire.
Dans ce pressant danger il faut la secourir ;
Il le faut, cher Arcas, quand je devrois périr.
Allons, de Bajazet justifier l'estime,
En signalant l'horreur que m'inspire le crime.
Le Ciel n'avoura point un injuste pouvoir :
Mais du moins Andronic aura fait son devoir.

ARCAS.

M'en croirez-vous, Seigneur? Avant que d'entreprendre,
Attendez le parti que Tamerlan va prendre.
Ne précipitez rien ; & sans vous déclarer,
Laissez ouvrir le champ où vous voulez entrer.
Car enfin ce Tiran contre qui l'on conspire,
Cet odieux Rival a sauvé votre Empire.
Emanuel, sans lui, détruit par Bajazet,
Ou devenoit Esclave, ou n'étoit qu'un Sujet.
Ah! n'oubliez jamais cet important service,
Ne soïez point injuste, en blâmant l'injustice.

D'ailleurs, que ſçavez-vous ſi dans le fond du cœur,
On ne s'applaudlt point de l'amour d'un Vainqueur.
Si l'on préfére au Trône un funeſte eſclavage ?

ANDRONIC.

Arcas, à la vertu c'eſt faire trop d'outrage.
Connois mieux Aſtérie ; & ne ſoupçonne pas,
Un cœur ſi généreux d'un ſentiment ſi bas.
Pleine du noble orgueil qu'inſpire la naiſſance,
Pourroit-elle approuver une indigne alliance :
Ce même Tamerlan, ſur le Trône monté,
Eſt toûjours Tamerlan né dans l'obſcurité.
Non, non, à cet hymen c'eſt envain qu'il aſpire.
Cependant, de mon Pere il a ſauvé l'Empire !
Ce qu'il a fait pour nous, je ſuis prêt aujourd'hui,
S'il a des Ennemis, à le faire pour lui.
La gloire eſt, de mon cœur, la premiére maîtreſſe.
Au ſort de Tamerlan l'amitié m'intereſſe.
Je ſçaurois immoler mes vœux à ſon bonheur :
Mais je ne lui dois pas immoler mon honneur.
L'innocence gémit ; & mon ame allarmée,
A ſes triſtes accens n'eſt point accoûtumée :
Et ſans ſonger qui j'aime, où qui je dois aimer,
Je ſerai l'Ennemi de qui veut l'opprimer.

Fin du ſecond Aĉte.

ACTE

ACTE III.

SCENE PREMIERE.

ASTÉRIE, ZAIDE.

ZAIDE.

MALGRÉ tous vos chagrins, vous deviez
vous contraindre,
Madame. Bajazet aura lieu de se plaindre.
A peine a-t-il joui de vos embraſſemens,
Et vous l'abandonnez dans ces premiers
momens !
Il falloit demeurer : j'oſe encor vous le dire.
ASTÉRIE.
Zaïde, en le quittant, je fais ce qu'il deſire ;
Et les ſoins differens dont il eſt agité,
Me laiſſent de mes maux gémir en liberté.
Quel temps j'avois choiſi pour te montrer mon ame ?
Combien ai-je à rougir d'une honteuſe flâme !

C

Quel horrible tourment au mien peut être égal ?

Le Perfide ! à mes yeux, parler pour son Rival !

Mais je ne m'en plains point ; mon ame en est ravie ;

C'en est fait. Rien enfin ne m'attache à la vie.

Je mourrai sans regret ; heureuse que du moins,

Ma foiblesse n'ait eu que tes yeux pour témoins !

ZAIDE.

Quoi, Madame ! quelle est cette douleur nouvelle ?

ASTE'RIE.

Toi-même, n'as-tu pas entendu l'Infidéle ?

N'étois-tu pas présente à tout cet entretien ?

Mon cœur peut-il douter des sentimens du sien ?

Il craint que Bajazet, ferme dans sa colére,

N'enleve à Tamerlan tout espoir de me plaire.

Sont-ce là les fraïeurs qui doivent le troubler ?

Ciel ! falloit-il encor l'Ingrat pour m'accabler ?

ZAIDE.

Son discours, je l'avoue, a bien dû vous surprendre :

Je ne sçai cependant comment on doit l'entendre.

Andronic vous aimoit. Un jour, un seul moment,

Auroit-il pû produire un si grand changement ?

J'ai peine à soupçonner cette affreuse inconstance.

ASTE'RIE.

Comme il s'applaudissoit d'avoir fui ma presence !

Avec quel art trompeur il vantoit son respect !

Mais, dis-moi ; l'as-tu vû pâlir à mon aspect ?

L'as-tu vû se troubler ? Ah ! ce soupçon l'outrage,

Il sçait se parjurer sans changer de visage.

Le perfide qu'il eft, en entrant dans ces lieux,
N'a pas même vers moi daigné tourner les yeux.
Ah, trop frivole efpoir dont j'étois animée !
Et peut-être l'Ingrat ne m'a jamais aimée.
Il redoute ma vûe ! Il cherche à s'éloigner !
Ah ! c'eft un embarras qu'il fe peut épargner.
Non, Traître, ne crains point qu'à m'oublier trop prompte,
Je t'aille fatiguer du récit de ma honte ;
Que je m'abaiffe encor jufqu'à te reprocher,
Un mépris, que du moins tu m'aurois dû cacher.
Va, n'appréhende rien. J'en fuis d'accord moi-même.
Tu ne me verras plus.

ZAIDE.

Ma furprife eft extrême.

ASTE'RIE.

Quoi donc ?

ZAIDE.

Il vient à vous.

SCENE II.

ANDRONIC, ASTE'RIE, ZAIDE.

ANDRONIC.

NE me condamnez pas,
Madame.....

ASTE'RIE.

Quel fujet adreffe ici vos pas?
Eft-ce votre Ami, Prince, ou plûtôt votre Maître,
Qui vous a devant moi commandé de paroître?
Vous me vouliez fans doute aider de vos confeils!
Mais le Sang dont je fors n'en fuit point de pareils.

ANDRONIC.

Ah! demeurez, Madame. Au nom de votre Pere,
Daignez me voir; daignez m'entendre fans colére.
Pour la premiére fois nous pouvons nous parler;
Et je n'ai point appris l'art de diffimuler.
Je ne viens point ici vous vanter la conftance,
D'un malheureux amour profcrit dès fa naiffance.
Ce même amour, au moins, s'il me rend criminel,
Auroit dû m'épargner un reproche cruel.
Je n'ai jamais penfé que la main d'Aftérie,
Pût devenir le prix d'une aveugle furie.
Je connois Bajazet; je vous connois tous deux;
Mais on pouvoit auffi me croire généreux,

Votre Pere abufé n'a pas voulu m'entendre ;
A d'injuftes foupçons il s'eft laiffé furprendre :
Je ne m'attendois pas qu'ils iroient jufqu'à vous ;
Et pour comble d'horreurs, vous les partagez tous !
Voïez-moi tel enfin que j'ai dû vous paroître,
Vous dépendez ici d'un Ennemi, d'un Maître.
Ce Titre vous offenfe ! Il m'échape à regret.
Songez pourtant, fongez qu'il l'eft trop en effet ;
Qu'abfolu dans ces lieux, votre Tyran vous aime.
Je ne dois point blâmer ce que je fais moi-même.
Mon cœur a trop appris, en voiant vos attraits,
Qu'il faut les adorer, ou ne les voir jamais.
Mais le fier Tamerlan, jaloux de fa puiffance,
Ne fuivra de l'amour que l'aveugle licence ;
Et pour venger l'affront de fes vœux mal reçûs,
Peut laver dans le fang la honte d'un refus,
Je frémis des périls dont ce jour vous menace,
Ah ! prevenons du moins la derniére difgrace.
Ordonnez le moment ; & choififfez les lieux :
Je fçaurai vous conduire, ou mourir à vos yeux.
Le Ciel peut fe laffer de vous être contraire.
Je vous implore enfin pour vous, pour votre Pere.
Sa perte ou fon Salut eft encor dans vos mains,
Laifferez-vous périr le plus grand des humains ?

ASTE'RIE,

Le jufte étonnement dont mon ame eft frappée,
Seigneur, vous dit affez que je m'étois trompée.
Vous plaignez Bajazet ! vous l'aimez ! je rougis
De l'indigne foupçon qui nous avoit furpris.

Vos généreux desseins ont bien sçû le confondre,
C'est à mon Pere seul, Seigneur, à vous répondre.
Puissent vos nobles soins n'être pas superflus !
J'y Joindrai mes efforts. Et s'il faut dire plus,
L'Ami de Tamerlan excitoit ma colere ;
L'Ami de Bajazet ne sçauroit me déplaire.

SCENE III.

ANDRONIC seul.

Quel aveu glorieux ! mon cœur est éperdu,
Ciel ! N'est-ce point un songe ? Ai-je bien entendu ?
Je ne suis point haï ? je ne puis lui déplaire ?....
Mais j'en crois trop peut-être un espoir téméraire ;
Peut-être en me voïant me livrer au danger,
Ce discours seulement vouloit m'encourager ?
L'interêt de son Pere est le seul qui la touche !
Mais non, la vérité s'expliquoit par sa bouche ;
Ses regards désarmés confirmoient ses discours,
Une ame généreuse ignore les détours.
Je puis donc me flatter .... Trop aimable Princesse !...
Quoi ! vous approuveriez l'innocente tendresse ?...

SCENE IV.

ANDRONIC, ARCAS.

ARCAS.

ON vous cherche, Seigneur. Tamerlan inquiet,
Vous attend pour régler le ſort de Bajazet.
Car c'eſt de ce qu'il faut qu'il craigne, ou qu'il eſpere,
Que dépend le deſtin de la fille & du Pere ;
Et déja prévenu par vos retardemens,
Il parle d'employer les plus rudes tourmens.
Odmar s'oppoſe encore à cette violence,
Le reſte épouvanté garde un morne ſilence.
On craint tout des tranſports dont il eſt agité.

ANDRONIC.

Je puis compter, Arcas, ſur ta fidelité ?
Va, ne t'allarme point. Cette fureur extrême,
Peut devenir funeſte à Tamerlan lui-même.
Et tant que je vivrai, j'en atteſte les Cieux,
On ne répandra point un Sang ſi précieux.

ARCAS.

Seigneur, il ſeroit tard de prendre ſa défenſe.

ANDRONIC.

Arcas !

ARCAS.

J'entends, Seigneur ; ce diſcours vous offenſe.

C iiij

Eh bien, vous le voulez! Je suis prêt à périr.
Vous pouvez commander ; c'est à moi d'obéir.
Je n'examine plus dans ce péril extrême,
Si, voulant les sauver, vous vous perdez vous-même :
Si ce fatal éclat ne fera que hâter
Le coup que Bajazet ne sçauroit éviter.
Tamerlan incertain vous attend pour résoudre ;
Venez, en l'irritant, faire partir la foudre :
Venez vous préparer le reproche éternel
D'avoir été l'auteur d'un spectacle cruel.
Venez vous-même enfin immoler la victime.
Eh! Que va-t'on penser du soin qui vous anime ?
Le croira-t'on l'effet de la seule pitié ?
Ah! Pour ses ennemis a-t'on tant d'amitié ?
Vous prenez leur parti! Tamerlan va comprendre
La secrette raison qui vous porte à le prendre.
Vous allez les livrer à ses soupçons jaloux,
Leur mort sera le fruit d'un impuissant courroux.
Les croïant avec vous tous deux d'intelligence,
Sur tous les deux aussi tombera sa vengeance.
L'Amour tourne en fureur, quand il se croit trahi ;
Et l'objet le plus cher devient le plus haï.

ANDRONIC.

Arcas, où la prudence a besoin du mistére,
Je sçai mieux comme on doit se cacher & se taire :
Tu sçauras mes desseins quand il en sera temps ;
Ecoute cependant ces ordres importans :
Le Succès en un mot dépend de ta conduite :
Rassemble tous les Grecs qui composent ma suite ;

Choifi le lieu toi-même ; & qu'armés cette nuit
A la faveur de l'ombre, ils s'y rendent fans bruit.

ARCAS.

Tamerlan vient, Seigneur.

ANDRONIC.

           Ah, rencontre funefte !
Dans mon appartement je te dirai le refte :
Va', cours.

SCENE V.

TAMERLAN, ANDRONIC, ODMAR, GARDES.

TAMERLAN.

ENfin, Seigneur, je vous trouve en ces lieux.
Pourquoi différiez-vous de paroître à mes yeux ?
Je vous ai fait chercher : mais vous craignez peut-être
De m'apprendre à quel point on s'ofe méconnoître !
Vous vouliez m'épargner le chagrin d'un refus?

ANDRONIC *embarraffé*.

Seigneur...

TAMERLAN.

         Je vous entens. Tous mes vœux font déçûs!
Un trépas affuré, l'offre d'une couronne :
Le Superbe ! Il n'eft rien qui le flatte, ou l'étonne.

Nous verrons fi c'eft lui qui donne ici la loi.
Je ne vous preffe plus de lui parler pour moi.
De fon farouche orgueil on ne peut le diftraire.
Eh bien, puifqu'il le veut, il faut le fatisfaire.
Odmar, vous m'entendez; fongez à m'obéir.

(à Odmar.)   ANDRONIC.

Arrêtez. Ah! Seigneur, ce feroit vous trahir.
Avez-vous réfolu de perdre votre gloire?
Quand Bajazet furpris nous céda la victoire;
Libre de prononcer ou fa vie ou fa mort,
On pouvoit le livrer aux rigueurs de fon fort.
La Politique alors autorifoit fa perte;
Sans en être irrité, le Ciel l'auroit foufferte;
Vous l'avez confervé: S'il périt aujourd'hui,
Le Ciel, ce même Ciel fe déclare pour lui:
Ce n'eft plus qu'un dépôt dont vous lui rendrez compte.
Ah! Devez-vous en croire une fureur fi prompte?
Bajazet expirant (& fût-il criminel?)
Attache à votre nom un opprobre éternel.
Rappellez la vertu; confultez la juftice:
Qui peut vous infpirer?...

TAMERLAN.

              Oui, tout veut qu'il périffe.
Mon affront dans fon fang....

ANDRONIC.

              Ne peut point fe laver:
Et qui brave la mort, peut toujours vous braver;
M'en croirez-vous? Fuïez une trifte famille:
Ne voïez plus, Seigneur, le pere ni la fille:

Et par un noble effort les éloignant tous deux,
Otez-vous un objet qui vous rend malheureux.
Laissez-les s'applaudir d'une vertu sauvage,
Qui voulant être libre au sein de l'esclavage,
Leur prépare à loisir l'inutile regret
De n'avoir écouté qu'un orgueil indiscret.
Mais vous sçavez, Seigneur, qu'une juste tendresse
Demande incessamment mon retour dans la Gréce :
Les fils de Bajazet, victimes de leur rang,
Y souffrent tous les maux attachés à leur sang.
Je suis prêt à partir. Que leur sœur, que lui-même
Vienne être le témoin de leur malheur extrême.
Ce spectacle nouveau ne peut que l'affliger ;
Et redoublant sa peine, il sert à vous venger.

TAMERLAN.

Ne vous figurez pas qu'aucun espoir me flatte ;
Mais il faut cependant que ma fureur éclatte.
Tous ces sages conseils ne sont plus de saison,
Seigneur. Il est trop tard d'écouter la raison.
Mon amour déclaré rend ma honte certaine :
Cet amour ne peut plus s'immoler qu'à la haine.
Quoi donc ! J'aurois formé tant d'inutiles vœux
Pour être le jouet d'un Captif dédaigneux !
Il iroit chez les Grecs publier sa constance !
Non, non ; je veux ici punir sa résistance :
Et sans doute le Ciel se plaindra seulement
D'avoir vû reculer son juste châtiment.
Il demandoit plûtôt la mort de la victime.
J'ai tardé trop long-temps ; & c'est là tout mon crime.

Allons ; & puifqu'enfin je puis le réparer,
Ne délibérons plus ; courons , fans différer,
Faire , de ce moment , le dernier de fa vie.

ANDRONIC.

Ah ! fi le Ciel vouloit qu'elle lui fût ravie,
Pourquoi , Seigneur , pourquoi dans les premiers momens
Vous a-t'il infpiré de plus doux fentimens ?
Vous ne l'ignorez pas ; le Ciel eft équitable,
Il mefure la peine au crime du coupable.
Si Bajazet trop fier attira fon courroux,
Il a fçû le punir par d'affez rudes coups.
Tout fon fang dans les fers , la perte d'un Empire. . . .
Mais pourquoi ces détours ? Craignez-vous de le dire ?
Votre amour méprifé veut terminer fon fort :
Seigneur , c'eft là le Ciel qui demande fa mort.

TAMERLAN.

Je ne fçais à la fin ce qu'il faut que je penfe.
D'où vous vient tant d'ardeur à prendre fa défenfe ?
Ce difcours me furprend ; je l'avoûrai , Seigneur.
Quel fi grand intérêt ? . . . .

ANDRONIC.

Celui de mon honneur.
Je pourrois ajoûter , Seigneur, celui du vôtre.
Les hommes , tels que moi , n'en connoiffent point d'autre.

TAMERLAN.

Les hommes , tels que vous , ne font que mes pareils ;
Et je puis me paffer , Seigneur , de leurs confeils.

SCENE VI.

ANDRONIC *seul.*

AH! Je fçaurai du moins m'oppofer à ta rage,
Barbare; ne croi pas achever ton ouvrage:
Redoute les tranfports dont je fuis animé.
Je ne balance plus. Ton deffein eft formé,
Le mien eft pris auffi. Prépare la tempête;
Mais crains que les éclats n'en tombent fur ta tête.
Une égale fureur va conduire nos coups;
Et c'eft au Ciel enfin à juger entre nous.

Fin du troifiéme Acte.

ACTE IV.

SCENE PREMIERE.

TAMERLAN, ODMAR, GARDES.

TAMERLAN.

NE m'importune plus. Quoique tu puiffes dire
Qu'elle y confente, Odmar, ou Bajazet expire.
Nous verrons fi fon cœur ofera reculer ;
Mais d'un foin plus preffant j'ai voulu te parler :
J'ai des foupçons cruels qui m'agitent fans ceffe.
Je te l'ai déja dit ; je crains que la Princeffe,
Prévenue en fecret pour quelque heureux rival,
N'oppofe cet obftacle à mes vœux trop fatal.

ODMAR.

S'il étoit vrai, Seigneur, qu'un autre eût fçû lui plaire ! ...

TAMERLAN.

Odmar, s'il étoit vrai ! Malheur au téméraire !

Mais peut-être déja je connois cet amant :
Un Rival à nos yeux échape rarement.
Le zéle d'Andronic à calmer ma vengeance,
Ce difcours préparé pour m'ôter l'efpérance ,
Le foin de m'éviter , fon trouble à mon afpect.... :
Pour tout dire , en un mot, Andronic m'eft fufpect.
Depuis deux mois entiers qu'à partir il s'apprête,
Pourquoi demeure-t'il, s'il n'eft rien qui l'arrête ?
Qui fçait fi ce féjour, ce départ incertain,
Ne cache point encor quelque fecret deffein ?
Qui fçait s'il ne veut pas faciliter leur fuite ?
Si Bajazet? ... Enfin, veille fur fa conduite ;
Obferve tous fes pas, furtout dans ce moment :
Va, ce péril ne fouffre aucun retardement.
Et s'il faut qu'avec eux il foit d'intelligence,
Prens garde qu'il n'échape à ma jufte vengeance.
J'ai mandé la Princeffe , & je l'attens ici :
Va, ne néglige rien ; va, dis-je : la voici.

SCENE II.

TAMERLAN, ASTE'RIE, ZAIDE, GARDES.

TAMERLAN.

Vous sçavez mon secret ; daignerez-vous m'apprendre,
Madame, à quel destin Tamerlan peut prétendre ?
J'ai fait couler vos pleurs ; je soupire à mon tour.
La guerre me fit vaincre, & je céde à l'amour.
Je dépose à vos pieds mon cœur, mon Diadême ;
J'affranchis votre pere, il va régner lui-même.
Vos deux freres bien-tôt entre ses mains remis,
Ne me compteront plus parmi leurs ennemis.
Vous voïez mes desseins, n'allez pas les confondre :
Délibérez, Madame, avant que de répondre ;
Et ne me forcez point, par un refus cruel,
A me rendre envers vous encor plus criminel.

ASTE'RIE.

Je ne m'attendois pas à ce dernier outrage :
Il est juste, après tout, d'accomplir votre ouvrage.
De trop foibles chagrins ont excité mes pleurs ;
Ils n'étoient qu'un passage à de plus grands malheurs :
Etes-vous satisfait ? N'ai-je plus rien à craindre ?
Et vous puis-je, une fois, parler, sans me contraindre ?

D'où

D'où vous vient aujourd'hui cette témérité ?
Vous demandez mon cœur ! l'avez-vous mérité ?
Quel effort généreux, combattant ma colere,
A pû former en vous cet efpoir de me plaire ?
Mon pere pour jamais a-t'il quitté les fers ?
Voit-il pour fon départ tous les chemins ouverts ?
A-t'il repris le Scéptre après tant de difgraces ?
Ai-je la liberté de marcher fur fes traces ?
Et, fans prétendre encor à m'impofer des loix,
Laiffez-vous votre fort & le mien à mon choix ?
Voilà quels fentimens peuvent toucher mon ame :
Voilà comme il falloit déclarer votre flâme.
Bajazet, excufant un téméraire amour,
Auroit pû devenir généreux à fon tour.

TAMERLAN.

Eh ! dois-je le penfer, lorfqu'en brifant fa chaîne,
Je n'ai fait que fournir des armes à fa haine ?
Falloit-il donc me rendre à jamais malheureux ?
Et n'eft-ce qu'à ce prix qu'on paroît généreux ?
Le fort a prononcé ; c'eft à lui d'y foufcrire.
Mais, qu'ai-je prétendu ? Lui rendre fon Empire,
Et vous faire régner fur moi, fur mes Etats.
De femblables projets font-ils des attentats ?
Voilà mon crime enfin : Eh bien, fi c'eft un crime,
Voïons qui de nous trois eft le plus magnanime.
Je ne vous retiens plus : Allez ; dès aujourd'hui
Bajazet peut partir, & vous-même avec lui.
Pourvû que quelque jour vous rende à ma tendreffe,
Madame, j'en croirai votre fimple promeffe.

D.

ASTE'RIE.

Moi, je vous promettrois! ... Qu'osez-vous exiger?
Moi, je pourrois un jour! ... Ah! c'est trop m'outrager.

TAMERLAN.

Ah! c'en est trop aussi. Ma juste jalousie
Par ce dernier refus est assez éclaircie.
Cruelle! vous vouliez que mon aveuglement
Vous mît entre les bras d'un plus heureux amant!
Votre trouble, à ces mots, malgré vous, vous accuse!

ASTE'RIE.

Tu ne mérites pas que je te désabuse.

TAMERLAN.

Eh bien! ... Quittons enfin un frivole détour;
Vous sçavez mes projets! Vous voyez mon amour!
Pour la derniere fois je vous offre l'Empire:
Le refuserez-vous?

ASTE'RIE.

Faut-il te le redire?,
Non; ne te flatte pas qu'un indigne lien
Puisse jamais unir & mon cœur & le tien.
Que je sois à l'Amour ou soumise ou rebelle,
Tu ne dois espérer qu'une haine éternelle.

TAMERLAN.

C'en est assez. La mort....

ASTE'RIE.

Puis-je la redouter?
Par tes emportemens tu crois m'épouvanter.
Ton orgueil gémissoit, réduit à la priere;
Tu menaces enfin! Connois mon ame entiére,

La mort me fera douce, en m'épargnant l'horreur
De refter plus long-temps témoin de ta fureur.
Mais non ; je fuis enfin ta derniere victime.
Le Ciel, pour te punir, n'attend plus que ce crime.

TAMERLAN.

Va ; ce n'eft point fur toi que tomberont mes coups ;
Je fçaurai mieux choifir l'objet de mon courroux :
Je ne dis plus qu'un mot. Songe à me fatisfaire,
Ou n'accufe que toi de la mort de ton Pere.
C'eft fon arrêt enfin que tu vas prononcer....
Tu peux encor.... Adieu, je te laiffe y penfer.

ASTE'RIE.

Ah ! Barbare, arrêtez.... .

SCENE III.

ASTE'RIE, ZAIDE.

ASTE'RIE.

OUe devient ma conftance ?
Arme-toi, Ciel vengeur ! Protége l'Innocence,
Ce monftre vit encor ! Es-tu fourd à ma voix ?
Veux-tu m'abandonner à cet horrible choix ?
Ma Zaïde, que faire en ce malheur extrême ?
As-tu bien entendu ?

ZAIDE.

J'en tremble encor moi-même.

D ij

Mais pourquoi le forcer à cette extrémité ?
Voilà ce qu'a produit une aveugle fierté.
Eh ! Ne peut-on , Madame, un moment se contraindre ?
Faut-il toujours braver, quand on a tout à craindre ?
Son courroux incertain cherchoit à s'appaiser.
Deviez-vous ? ...

ASTERIE.

Oui, Zaïde , il falloit l'épouser
Un monstre de carnage & de crimes avide ,
Le dernier des Mortels ! ....

ZAIDE.

Serez-vous parricide ?

ASTÉRIE.

Ciel ! Que dis-tu , cruelle ? Ah ! Ma funeste main
Va donc mettre à mon pere un poignard dans le Sein !
Moi, qui voudrois pour lui donner cent fois ma vie ;
C'est moi qui le condamne , & qui le sacrifie !
Non, il ne mourra point ; je lui dois cet effort.
Va trouver Tamerlan ; Je remplirai mon sort.
Il peut tout préparer pour cette horrible fête :
Mais qu'il ne soit pas sûr encor de sa conquête.

ZAIDE.

Quoi donc ?

ASTERIE.

J'épouserai ce Barbare vainqueur,
Pour mieux choisir l'instant de lui percer le cœur.
Va. Je l'attends ici : Qu'il s'y rende, s'il l'ose.

ZAIDE.

Ah ! Quel affreux dessein votre cœur se propose !,

Ciel! Qu'ofez-vous penfer? S'il étoit votre époux,
Ses jours tant déteftés feroient facrés pour vous.
Non, l'exemple jamais n'autorife le crime.

ASTE'RIE,

O, mon pere! Il faut donc que tu fois fa victime!

SCENE IV.

BAJAZET, ASTE'RIE, ZAIDE.

BAJAZET.

EH bien! Le fier Tartare a paru dans ces lieux ;
Vous a-t'il déclaré fes deffeins odieux?
Vous ne répondez point? Une frivole offenfe
Auroit-elle abattu toute votre conftance?
Parlez ; je vous l'ordonne ; il me faut obéir.

ASTERIE.

Il veut que je l'époufe, ou vous allez périr.

BAJAZET.

Zaïde, laiffez-nous.

SCENE V.

BAJAZET, ASTE'RIE.

BAJAZET.

Ecoutez-moi, ma fille ;
Vous fçavez à quel point j'ai chéri ma famille.
Mes fils infortunés, fous le joug d'un Vainqueur,
Du fort qui me pourfuit, éprouvent la rigueur.
Vous-même, je vous vois, aux fers abandonnée,
Partager en ces lieux ma trifte deftinée.
Ces objets trop préfens ont comblé mes ennuis.
On fouhaite la mort dans l'état où je fuis ;
Cependant je frémis du coup qui nous fépare ;
Vous demeurez en proïe aux tranfports d'un Barbare.
Il me croit un obftacle à cet hymen honteux ;
Mais mon fang répandu, loin d'éteindre fes feux,
Ne fera qu'ajouter la fureur à l'outrage,
Et vos refus conftans exciteront fa rage :
C'eft là ce que je crains, & non point le trépas.
Je vous laiffe expofée à de rudes combats :
Mais enfin la Vertu vous prêtera fes armes ;
Vous fçaurez....

ASTE'RIE.

Oui, Seigneur ; diffipez ces allarmes.

Mon cœur n'eſt point troublé des ſoins de l'avenir ;
Je crains peu les malheurs que je puis prévenir.

, BAJAZET.

Ma fille, il n'eſt pas temps de ſonger à me ſuivre ;
Mon ſort eſt de mourir, & le vôtre eſt de vivre.
Vivez, pour triompher d'un criminel effort ;
Vous mourrez, ſi l'honneur vous condamne à la mort.
J'entens du bruit : **on** vient nous ſéparer peut-être !

SCENE VI.

ANDRONIC, BAJAZET, ASTE'RIE

ANDRONIC *au fond du Théatre, à part.*

C'Eſt lui : voici le temps de me faire connoître.

BAJAZET.

Venez, Prince, venez recevoir mes adieux.
Le Tyran va bien-tôt m'arracher de ces lieux ;
Car vous n'ignorez pas le ſort qu'il me prépare ?

ANDRONIC.

Oui, Seigneur, il eſt vrai ; l'orage ſe déclare.
Tamerlan n'attend plus que la fin de ce jour,
Pour ſuivre aveuglément ſa haine ou ſon amour.

BAJAZET.

Je redoute la vie, & non pas le ſupplice.
Mais, puis-je de vous-même eſpérer un ſervice ?

D iiij

Je ne demande point à vos soins généreux
De mettre en liberté mes deux fils malheureux.
Peut-être, si le Ciel m'eût été moins contraire.....
Qu'ils ignorent du moins le destin de leur pere.
Dans un âge trop foible épargnez leur douleur.
L'esclavage est pour eux un assez grand malheur :
Empêchez que ma mort ne leur soit annoncée ;
Et laissez-moi mourir avec cette pensée....

ANDRONIC.

Ah ! Permettez, Seigneur, que je fasse encor plus ;
Tous ces soins paternels deviennent superflus.
Il faut un champ plus vaste au zéle qui m'enflâme.
Connoissez Andronic ; voïez toute mon ame :
J'abhorre les desseins du cruel Tamerlan :
A mes yeux indignés il n'est plus qu'un Tyran ;
Et loin de consentir à sa lâche furie,
Vos jours sont assurés, ou je perdrai la vie.
Commandez : Tous mes Grecs rassemblés par Arcas,
N'attendent que la nuit pour marcher sur nos pas.
Daignez les recevoir. S'ils vous ont à leur tête,
Leur valeur peut encor écarter la tempête.
Les Tartares surpris, désarmés & troublés,
Pourront-ils soûtenir nos efforts redoublés ?
Tentons, quoiqu'il en soit, de nous faire un passage.
Venez, Seigneur ; sortez d'un indigne esclavage ;
Dérobez-vous aux loix d'un Vainqueur inhumain ;
Ou du moins périssons les armes à la main.

B A J A Z E T.

Cette noble chaleur à prendre ma défense ;
Devroit-elle échaper à ma reconnoissance ?
Ah, destins opposés ! Où m'avez-vous réduit ?
Mais, Prince, en ma faveur la pitié vous séduit :
Songez mieux qu'ennemi de vous, de votre pere,
J'ai trop bien de tous deux mérité la colére.
Ne regardez en moi qu'un voisin dangereux,
Qui porta dans la Gréce & le fer & les feux.
Cet oubli magnanime augmente votre gloire ;
Mais je perdrois la mienne en voulant vous en croire,
En laissant hazarder des jours plus précieux,
Pour défendre des jours qui me font odieux.
Ah ! Prince, il doit suffire au destin qui m'opprime ;
De voir que Bajazet soit toujours sa victime.
Laissez, laissez-moi seul épuiser sa rigueur.
Eh ! Pourquoi voulez-vous partager mon malheur ?
Si le Ciel vous avoit placé dans ma famille ;
Si vous étiez mon fils ! ....

A N D R O N I C.

Mais.... Elle est votre fille !

B A J A Z E T.

Quoi, Prince ?

A N D R O N I C.

J'ai trahi mon funeste secret !
Mais il peut être enfin connu de Bajazet.

A S T E' R I E.

Ciel !

BAJAZET.

Qu'entends-je ?

ANDRONIC.

Oui, Seigneur, j'adore la Princesse;
Ah! je remarque trop que ce discours vous blesse.
Pardonnez à l'état où le sort nous réduit,
Seigneur, de cet aveu je n'attends point de fruit.
Criminel à regret, Amant sans esperance,
Je ne voi que la mort pour finir ma souffrance.
J'ai moi-même déja prononcé mon Arrêt,
La gloire a prévalu sur tout autre interêt.
Je n'ai point à ses vœux abandouné mon ame,
J'ai toujours opposé mon devoir à ma flâme.
J'aimois, hélas ! j'aimois, quand le Ciel en courroux,
Me força de tourner mes armes contre vous.
Quelque soit maintenant l'ennui qui me dévore,
J'ai fait ce que j'ai dû : je le ferois encore.
Mais je respire enfin ; trop heureux de pouvoir,
Accorder une fois ma flâme & mon devoir !
Oui, je veux que ce jour à Tamerlan funeste,
Renverse des projets que tout mon cœur déteste.
Je veux, pour vous tirer de ses barbares mains,
Que mon sang, s'il le faut, vous trace des chemins;
Et que ne craignant plus pour un Pere qu'elle aime,
La Princesse, à son gré, dispose d'elle-même.
Je ne me flatte point de pouvoir l'obtenir,
C'est trop d'oser l'aimer ; & je vais m'en punir.
Que j'obtienne du moins le seul bien que j'espere;
En courant expier un crime involontaire ;

Et ne me privez point de l'immortel honneur,
D'avoir auparavant assuré son bonheur.

BAJAZET.

De semblables discours ont de quoi me confondre:
Dans des temps moins cruels je sçaurois vous répondre.
Le sang dont vous sortez, votre amour généreux,
Mon estime .... En un mot, vous pourriez être heureux.
Je ne m'offense point d'un aveu qui m'étonne ;
Mais, Prince, le destin autrement en ordonne.
L'heure avance qui doit me conduire à la mort ;
Et ma fille n'est pas maîtresse de son sort.
Si le Ciel daigne un jour finir son esclavage,
Elle peut approuver un vertueux hommage,
Vivez dans cet espoir.

ANDRONIC.

Ah! Madame! Ah! Seigneur,
Vous pouvez, d'un seul mot, achever mon bonheur.
Approuvez mes desseins ; Consentez ....

ASTE'RIE.

Oui, mon Pere,
Laissez-nous conserver une tête si chere.
Voulez-vous être seul insensible à mes maux?
Voulez-vous me creuser des abîmes nouveaux ?
Quel autre soutiendra votre triste famille ?

(*Elle se jette à ses pieds.*)
Ou donnez-moi la mort, ou vivez.

BAJAZET.

Ah, ma fille !

ANDRONIC *se jettant aussi aux pieds da Bajazet.*

Seigneur! Daignez enfin écouter nos soûpirs.

BAJAZET.

Levez-vous mes enfans. Je céde à vos defirs.
'Allons. Puisse le fort nous être moins contraire !
Je le fouhaite , hélas ! plus que je ne l'efpere.

(*à Andronic.*)

Songez que j'ai voulu vous fouftraire à fes coups ,

(*à Aftérie.*)

Ma fille, en le perdant tu perdras ton Epoux.

Fin du quatriéme Acte.

ACTE V.

SCENE PREMIERE.

ASTÉRIE seule.

Quels nouveaux transports ai-je livré mon
    ame ?
La voix de mon devoir n'accuse plus maflâme ;
Deftin, as-tu changé tes injuftes Arrêts ?
Ou veux-tu m'expofer à de nouveaux regrets !
De quels preffentimens je me fens tourmentée !
Andronic ne vient point ! mon Pere m'a quittée !
L'un & l'autre en ce lieu je devois les revoir ;
Ah ! rien ne peut calmer mon affreux défefpoir.
Cher Amant, cher Epoux, fouviens-toi que je t'aime ;
Songe à te conferver pour un autre toi-même.
Je fçai trop que ton cœur ne connoît point l'effroi ;
Ah ! ménage des jours qui ne font plus à toi.

Bajazet!... Andronic!... Je ne voi rien paroître,
Où les chercher ? Hélas ! ils expirent peut-être !
Tout semble m'annoncer que le Ciel en courroux....

SCENE II.

ASTÉRIE, ZAIDE.

ASTÉRIE.

ZAïde!....Parle donc! As-tu vû mon Epoux?
As-tu vû Bajazet ? Diffipe mes allarmes:
Viennent-ils ? Ah, grand Dieu ! je vois couler tes larmes !
C'en eft fait, & tu crains de me le déclarer !
Mais parle; achéve enfin de me défefperer.

ZAIDE.

De furprife, de joie, & d'horreur pénétrée,
Je venois vous trouver, quand ils m'ont rencontrée.
Andronic m'apperçoit; "Il eft temps d'éclater,
„ Dit-il, en ce moment je ne puis m'arrêter;
„ Et fe couvrant les yeux pour cacher fa trifteffe;
„ Retourne, pourfuit-il, retourne à ta maîtreffe;
„ Va, ne la quitte plus; & puiffent aujourd'hui;
„ Tes efforts plus heureux foulager fon ennui !
„ La rage du Tyran ne trouve point d'obftacle,
„ J'efperois empêcher un barbare fpectacle.
„ Nos deffeins font connus ; & l'inftant n'eft pas loin....
„ Mais le trifte Andronic n'en fera pas témoin.

„ Adieu. Je vais mourir, digne de sa tendresse,
„ Et mon dernier soûpir .... A ces mots, il me laisse;
Il sort; & mille cris poussés jusques au Cieux,
M'annoncent la fureur d'un combat odieux.
Ils sont aux mains, Madame.

ASTE'RIE.

Et je respire encore!
Et j'attends en ce lieu qu'un Tyran que j'abhorre,
Se presente à mes yeux de leur sang tout couvert!
Zaïde, le chemin nous est encore ouvert.
Allons, épargnons-nous cette image funeste;
Et profitons du moins d'un instant qui nous reste.
Mais j'apperçoi déja ce monstre furieux,
Ah! fuïons. Mon malheur est écrit dans ses yeux.

SCENE III.

TAMERLAN, ODMAR, GARDES.

TAMERLAN.

EH bien! avois-je tort d'observer sa conduite?
Croi-moi, depuis long-temps il préparoit leur fuite;
A quelle extrêmité j'allois être réduit!
Bien-tôt, à la faveur des ombres de la nuit,
Le Perfide couvrant leur retraite & son crime;
A mon amour trahi déroboit sa victime.

As-tu vû ſa fureur, lorſque mille flambeaux,
Ont de ſes Grecs frappés éclairé les Tombeaux ?
Le péril plus certain irritoït ſon courage,
Ma préſence ſurtout a redoublé ſa rage.
Ma Garde l'entouroit ; mais ſoudain renverſés,
Les uns par la fraïeur lâchement diſperſés,
Les autres ſuccombans ſous ſa main meurtriere,
Tous enfin n'oppoſoient qu'une foible barriére.
Il vouloit juſqu'à moi ſe fraïer un chemin.
Je ne l'épargne plus en voïant ſon deſſein,
Je cours. Nous nous joignons : & la cherchant peut-être,
Il reçoit une mort trop belle pour un Traître.
Qui m'eût dit, quand mon bras voloit à ſon ſecours,
Que je verrois le ſien armé contre mes jours ?
Juſqu'où peut égarer une aveugle tendreſſe !
N'eſt-ce plus Bajazet qui déſola la Gréce ?
D'un mortel Ennemi coupable Protecteur,
Andronic attentoit ſur ſon Libérateur !
Quel prix de mes bontés ! Enfin il eſt ſans vie ;
Tout ſon Sang a payé ſa noire perfidie.
Et je viens de goûter le plaiſir ſans égal,
De faire ſous mes coups expirer mon Rival.
Bajazet, par tes ſoins eſt arrêté lui-même :
Il ne peut échaper à ma fureur extrême :
Le Sang de mes Sujets immolés par ſon bras
Serà bien-tôt vengé par un affreux trépas.
Mais Aſtérié enfin...,..

ODMAR.

ODMAR.

Seigneur, on répond d'elle,
Axalle en est chargé : Vous connoissez son zéle.
Je l'instruisois encor de vos justes fraieurs,
Quand des cris redoublés nous font voler ailleurs ;
Et tandis que suivi de fideles cohortes,
Du Palais à l'instant il a saisi les portes ;
Un autre Bataillon s'avançant sur mes pas,
A rencontré des Grecs commandés par Arcas.
Ils nous ont quelque temps disputé le passage :
Mais le nombre bien-tôt étonnant leur courage,
Ils cherchoient par la fuite à conserver leurs jours.
Quand Bajazet paroît, & vole à leur secours ;
Ce Héros indigné les joint & les arrête.
Sa valeur fait sur nous retomber la tempête.
Le Soldat est troublé du feu de ses regards.
La mort à ses côtés vole de toutes parts.
Se voyant presque seul il devient plus terrible.
Je m'opposois en vain à son bras invincible ;
Et sans doute il alloit pénétrer jusqu'à vous,
Au moment qu'Andronic a péri sous vos coups,
Frappé de cet aspect, sa fureur l'abandonne.
On saisit ce moment ; on court, on l'environne.
Il nous laisse approcher ; & comme indifférent,
Sans plus daigner combattre, il s'arrête, & se rend.

TAMERLAN.

Qu'on l'améne en ces lieux.

E

SCENE IV.

TAMERLAN *feul.*

CEffons de nous contraindre.
Tout eft pour nous enfin ; je n'ai plus rien à craindre.
D'un Rival odieux la mort m'a délivré.
Que dis-je ? mon bonheur eft-il plus affuré ?
De quel front foutenir les regards d'une Amante,
Qui de ce fang trop cher verra ma main fumante ?
Je fuis maitre après tout ; je puis ce que je veux.
Qu'il ne lui refte rien pour traverfer mes vœux !
Plus de ménagement ; plus de pitié frivole.
Cet horrible complot dégage ma parole ;
Et peut-être mon fort dépend de ce moment.
Non, ne différons plus un jufte châtiment.
Ils ont trop excité la fureur qui m'infpire.
Andronic a péri ; que Bajazet expire !
Rempliffons ma vengeance ; & que fur leur tombeau
L'Hymen, en frémiffant, allume fon flambeau.
J'ai perdu tout efpoir de gagner l'inhumaine.
Amour ! Vien triompher dans les bras de la haine.

SCENE V.

BAJAZET, TAMERLAN, ODMAR;
GARDES.

TAMERLAN à *Bajazet*.

MAlheureux! Sçais-tu bien où l'on conduit tes pas,
Et quel fera le fruit de tes noirs attentats?
Tu regardes ce sang versé, pour te défendre:
Tremble en voïant la main qui vient de le répandre.
Un supplice nouveau pour toi seul inventé....

BAJAZET.

Crois-tu que Bajazet puisse être épouvanté?
Prononce mon arrêt; ta fureur m'est connuë.
Mais le trépas enfin m'épargnera ta vûe.
Ce supplice pour moi passe tous les tourmens.

TAMERLAN.

Je jouïrai du moins de tes derniers momens.
Gardes, approchez-vous.

BAJAZET.

Ah! Qui vois-je paroître!

SCENE VI.

ASTE'RIE, BAJAZET, TAMERLAN,
ZAIDE, ODMAR, GARDES.

ASTE'RIE.

SEigneur, de mon deftin Tamerlan n'eft plus maître;
Ne craignez rien.

TAMERLAN.

Qui peut te fouftraire à mes loix?

ASTE'RIE.

Arrête. Ecoute-moi pour la derniere fois.
Je ne veux point ici rappeller la mémoire
De tous les attentats qu'a produits ta victoire.
Tu m'aimas: mais mon pere, indignement traité,
Laiffoit-il quelque efpoir à ta témérité?
Eft-ce pour fon Tyran que l'on devient fenfible?
Je te dis plus: Mon cœur n'étoit pas infléxible
A des vœux innocens....

TAMERLAN.

Ingrate! ....

ASTE'RIE.

Ecoute-moi

TAMERLAN.

Andronic! ....

ASTE'RIE.

Il eft vrai qu'il a reçu ma foi.

Dans la nuit du tombeau quand tu l'as fait defcendre,
L'un & l'autre liés par l'amour le plus tendre....
Cet aveu ne doit point exciter ton courroux.
Il eft mort ; & de plus, il eft mort par tes coups.
Après m'être affuré les moyens de le fuivre....

BAJAZET.

Aftérie !

ASTERIE.

Oui, Seigneur, je vais ceffer de vivre.
Un poifon dévorant....

TAMERLAN.

Grand Dieu ! Qu'ai-je entendu !

BAJAZET.

O ma fille !

ASTE'RIE.

Seigneur, j'ai fait ce que j'ai dû.
Tu pleures, Tamerlan ! Si ma perte t'accable,
D'un effort généreux ton cœur eft-il capable ?

TAMERLAN.

Ah ! Vivez.

ASTE'RIE.

C'en eft fait. Tes foins font fuperflus ;
Mais force-moi du moins à ne te haïr plus :
Au défaut de mon cœur mérite mon eftime.

TAMERLAN.

Parlez. Tous vos defirs....

ASTE'RIE.

Sont d'empêcher un crime ?

Sont de fauver mon pere en cette extrémité,

Qu'il vive, & qu'il obtienne enfin la liberté ;

J'ofe encore l'efpérer. Dis-moi fi je m'abufe.

TAMERLAN.

Oui, j'accorde fa grace.

BAJAZET *fe frapant d'un poignard qu'il tenoit caché.*

Et moi, je la refufe.

Adieu, ma fille.

ASTE'RIE *tombe morte dans les bras de Zaïde.*

O Ciel !

SCENE VII. & derniére.

TAMERLAN, ODMAR.

TAMERLAN.

Ls expirent tous deux !

Que vois-je ! Qu'ai-je fait ! Où fuir ? Ah monftre affreux !

Regarde les effets de ta lâche furie.

Tout périt ; Andronic, Bajazet, Aftérie ;

Le fang de tous côtés rejaillit fur mes pas.

ODMAR.

Ah ! Seigneur, dans ce lieu ne vous arrêtez pas.

Permettez....

TAMERLAN.

Laiffe-moi ; ton amitié m'outrage :

Laiffe-moi, malheureux ! Fui, redoute ma rage.

TRAGEDIE.

Je ne me connois plus dans ces affreux momens.
O crime! O de ma honte éternels monumens!
Inutiles remords! Trop funeste foiblesse!
Suis-je encor le vengeur & l'appui de la Gréce?
Ah! Quitte ces grands noms, malheureux Tamerlan!
Prens celui qui t'est dû; tu n'es plus qu'un Tyran.

Fin du cinquiéme & dernier Acte.

VERS

*Qui ont été dits dans les dernières représentatio
à la fin de la sixiéme Scéne du cinquiéme A*

ASTE'RIE.

S Ont d'empêcher un crime;
Sont de sauver mon pere en cette extrémité.
Qu'il vive, & qu'il obtienne enfin la liberté !

TAMERLAN.

Oui, j'accorde sa grace.

BAJAZET.

Ofes-tu te promettre
Qu'à cette indignité je veuille me foumettre ?
Moi, prolonger mes jours après un vain effort,
Qui n'a produit, hélas, que ma honte & fa mort !
Tamerlan, il eft temps que je te défabufe:
Tu m'accordes ma grace ! Et moi, je la refufe.

(*Il fe frape.*)

Adieu, ma fille.

ASTE'RIE *mourante*.

O Ciel !